CARTEA DE DESERT PENTRU ÎNCEPĂTORI

100 de rețete unice și ușor de făcut pentru a-ți satisface pofta

Marius Bogdan

Toate drepturile rezervate.

Disclaimer

Informațiile conținute în această carte electronică sunt menite să servească drept o colecție cuprinzătoare de strategii despre care autorul acestei cărți electronice a făcut cercetări. Rezumatele, strategiile, sfaturile și trucurile sunt doar recomandări ale autorului, iar citirea acestei cărți electronice nu va garanta că rezultatele cuiva vor oglindi exact rezultatele autorului. Autorul cărții electronice a depus toate eforturile rezonabile pentru a oferi informații actuale și exacte pentru cititorii cărții electronice. Autorul și asociații săi nu vor fi făcuți la răspundere pentru orice eroare sau omisiuni neintenționate care ar putea fi găsite. Materialul din cartea electronică poate include informații de la terți. Materialele terților cuprind opinii exprimate de proprietarii acestora. Ca atare, autorul cărții electronice nu își asumă responsabilitatea sau răspunderea pentru niciun material sau opinii ale terților.

Cartea electronică este copyright © 2022 cu toate drepturile rezervate. Este ilegal să redistribuiți, să copiați sau să creați lucrări derivate din această carte electronică, integral sau parțial. Nicio parte a acestui raport nu poate fi reprodusă sau retransmisă sub nicio formă, fără permisiunea scrisă exprimată și semnată din partea autorului.

CUPRINS

CUPRINS 3
INTRODUCERE 7
1. Plăcintă italiană cu anghinare 8
2. Placintă cu chifteluțe cu spaghete 11
3. Panna Cotta de ciocolată 14
4. Cheesy Galette cu Salam 16
5. Panna Cotta 19
6. Flan de Caramel 21
7. Crema Catalana 23
8. Cremă spaniolă de portocale-lămâie 26
9. Pepene beat 28
10. Sorbet de migdale 30
11. Tort spaniol cu mere 32
12. Crema de caramel 35
13. Cheesecake spaniol 37
14. Cremă spaniolă prăjită 40
15. Piersici coapte italiene 43
16. Tort italian picant cu prune-prune 45
17. Bomboane cu nuci spaniole 48
18. Budincă cu miere 50
19. Tort cu ceapă spaniolă 53
20. Sufleu spaniol la tigaie 56
21. Semifreddo de miere congelată 58
22. Sorbet de lămâie cu avocado infuzat cu coriandru 61
23. Cheesecake cu plăcintă de dovleac 63
24. Înghețată moca 66
25. Gogoși cu cireșe și ciocolată 68
26. Budinca de mure 71
27. Plăcintă de dovleac cu sirop de artar 73
28. Plăcintă rustică 75

29.	FONDUE DE CIOCOLATĂ AMARETTO	78
30.	FLANURI CU COULIS DE ZMEURĂ	80
31.	BILUȚE DE FRUCTE ÎN BOURBON	83
32.	ÎNGHEȚATĂ DE PLĂCINTĂ PECAN	85
33.	BUDINCĂ DE PÂINE CU CHIPS DE SCORȚIȘOARĂ	88
34.	MERE CARAMEL LA CUPTOR	92
35.	MULȚUMESC PLĂCINTĂ CU DOVLEAC	95
36.	FLEAC DE DOVLEAC CU CONȚINUT SCĂZUT DE GRĂSIMI	97
37.	PRAJITURA CU DOVLEAC	100
38.	BUDINCA DE CHIA	102
39.	DULCIURI CU MERE	104
40.	MOUSSE DE DOVLECEI	106
41.	PLĂCINTĂ CU CARTOFI DULCI DIN SUD	108
42.	BROWNIES DE CARTOFI DULCI ȘI CAFEA	111
43.	SUFLEU DE PORUMB DE ZIUA RECUNOȘTINȚEI	114
44.	ÎNGHEȚATĂ DE AFINE	116
45.	NUCI MICI	119
46.	SUFLEU DE MORCOVI DE ZIUA RECUNOȘTINȚEI	122
47.	FLAN DE DOVLEAC	124
48.	CASEROLA DE PORUMB COUNTRY	128
49.	GUSTUL DE AFINE ȘI NUCI PECAN	130
50.	PRAJITURI CU CURCAN SI CARTOFI	132
51.	APPLE CRUNCH COBBLER	135
52.	GOOEY AMISH CARAMEL PIE	138
53.	FRUNZE DE TOAMNA	141
54.	RECOLTA COMPOT DE FRUCTE	143
55.	PLĂCINTĂ CU AFINE DE ZIUA RECUNOȘTINȚEI	145
56.	MERIȘOARE SPUMANTE	148
57.	TORTE CU UMPLUTURĂ DE LĂMÂIE	150
58.	FONDUE DE CIOCOLATĂ AMARETTO	153
59.	FLANURI CU COULIS DE ZMEURĂ	155
60.	TORT DE CIOCOLATA	158
61.	FLAN ALMENDRA	161

62.	CĂPȘUNI CONDIMENTATE	164
63.	PROST DE MURE	166
64.	ZABAGLIONE	168
65.	ZMEURA SI CREMA	170
66.	BILUȚE DE FRUCTE ÎN BOURBON	172
67.	MANGO ÎN STIL INDIAN	174
68.	CHEESECAKE ITALIAN	176
69.	PUF DE LAMAIE	178
70.	BEZELE CU MIGDALE ȘI NUCĂ DE COCOS	180
71.	BISCUIȚI CU CHIP DE CIOCOLATĂ	182
72.	BROWNIES CU FRITEURĂ CU AER	185
73.	CHEESECAKE CU FRUCTE DE PADURE	188
74.	GOGOȘI ÎN FRITEUZA CU AER	191
75.	TORT CU CREMA DE VANILIE CU CAPSUNI	194
76.	BERRY COBBLER	197
77.	TORT BUNDT DE CIOCOLATĂ	199
78.	URIAȘ PB COOKIE	202
79.	DESERT COVRIGI	204
80.	BUDINCA DE PAINE	206
81.	MINI PLĂCINTE CU CĂPȘUNI ȘI CREMĂ	208
82.	ANANAS BRAZILIAN LA GRĂTAR	210
83.	BANANE CU CRUSTĂ DE NUCĂ DE COCOS ȘI SCORȚIȘOARĂ	212
84.	PLĂCINTĂ UȘOARĂ CU NUCĂ DE COCOS FĂRĂ GLUTEN	215
85.	BUDINCĂ DE NUCI DE PECAN	217
86.	MOUSSE DE LICHIOR DE CAFEA	219
87.	DESERT MELBA CU PIERSICI	221
88.	IAURT CONGELAT CU NUCI DE SCORȚIȘOARĂ	223
89.	FUDGE DE CINCI MINUTE	225
90.	CRUSTA DE MIGDALE-OVĂZ	227
91.	DESERT FANTEZIE CU MERE	229
92.	INGHETATA DE AVOCADO	231
93.	PLĂCINTĂ CU CREMĂ DE BANANE	233
94.	BERRY FOOL	235

95.	Tiramisu cu fructe de padure	237
96.	Caramele cu unt rom	240
97.	Coji de citrice confiate	243
98.	Panna Cotta de cardamom-nucă de cocos	245
99.	Cremă brulee de cicoare	248
100.	Fondue de ciocolată cu mentă	250

CONCLUZIE 252

INTRODUCERE

Desertul este un fel care încheie o masă. Cursul constă în alimente dulci, cum ar fi dulciuri și, eventual, o băutură, cum ar fi vinul de desert și lichiorul. În unele părți ale lumii, cum ar fi cea mai mare parte a Africii Centrale și a Africii de Vest și în majoritatea părților Chinei, nu există o tradiție a unui curs de desert pentru a încheia o masă.

Termenul de desert se poate aplica multor dulciuri, cum ar fi biscuiți, prăjituri, fursecuri, creme, gelatine, înghețate, produse de patiserie, plăcinte, budinci, macaroane, supe dulci, tarte și salată de fructe. Fructele se găsesc, de asemenea, în mod obișnuit în cursurile de desert, datorită dulciului său natural. Unele culturi îndulcesc alimentele care sunt mai frecvent sărate pentru a crea deserturi.

1. Plăcintă italiană cu anghinare

Porții: 8 porții

Ingredient

- 3 ouă; Bătut
- Pachet de 1 3 oz cremă de brânză cu arpagic; Înmuiat
- ¾ linguriță de pudră de usturoi
- ¼ lingurita Piper
- 1½ cană brânză Mozzarella, lapte parțial degresat; Mărunțit
- 1 cană de brânză ricotta
- ½ cană maioneză
- 1 cutie de 14 oz inimi de anghinare; Drenat
- ½ cutie de 15 oz fasole garbanzo, conservată; Clătit și drenat
- 1 2 1/4 oz cutie măsline feliate; Drenat
- 1 2 Oz Borcan Pimientos; Cubulețe și scurs
- 2 linguri patrunjel; Tăiat
- 1 crustă de plăcintă (9 inch); Necopt
- 2 roșii mici; Taiat

Directii:

a) Combinați ouăle, crema de brânză, pudra de usturoi și piperul într-un lighean mare. Combinați 1 cană de brânză mozzarella, brânză ricotta și maioneza într-un castron.

b) Se amestecă până se omogenizează totul bine.

c) Tăiați 2 inimioare de anghinare în jumătate și lăsați deoparte. Tăiați restul inimii.

d) Se amestecă amestecul de brânză cu inimile tocate, fasolea garbanzo, măslinele, pimiento și pătrunjel. Umpleți coaja de patiserie cu amestecul.

e) Se coace 30 de minute la 350 de grade. Deasupra trebuie presărate restul de brânză mozzarella și parmezan.

f) Coaceți încă 15 minute sau până când se fixează.

g) Se lasa sa se odihneasca 10 minute.

h) Deasupra, aranjați felii de roșii și inimioare de anghinare tăiate în sferturi.

i) Servi

2. Placintă cu chiftelute cu spaghete

Porții: 4-6

Ingrediente:

- 1 - 26 oz. pungă cu chiftele de vită
- 1/4 cană piper verde tocat
- 1/2 cană ceapă tocată
- 1 - 8 oz. pachet spaghete
- 2 oua, putin batute
- 1/2 cană parmezan ras
- 1-1/4 cani de brânză mozzarella mărunțită
- 26 oz. borcan cu sos de spaghete gros

Directii:

a) Preîncălziți cuptorul la 375°F. Se călește ardeii și ceapa până se înmoaie, aproximativ 10 minute. Pus deoparte.

b) Gătiți spaghetele, scurgeți și clătiți cu apă rece și uscați. Puneți într-un bol mare de amestecare.

c) Adăugați ouăle și parmezanul și amestecați pentru a se combina. Apăsați amestecul în partea de jos a unei farfurii de plăcintă de 9 inchi pulverizate. Acoperiți cu 3/4 cană de brânză mozzarella măruntită. Dezghetați chiftelele congelate în cuptorul cu microunde timp de 2 minute.

d) Tăiați fiecare chifteluță în jumătate. Peste amestecul de brânză se pun jumătățile de chiftele. Combinați sosul de spaghete cu ardei și ceapă fierte.

e) Se pune peste stratul de chiftele. Acoperiți lejer cu folie și coaceți timp de 20 de minute.

f) Scoateți din cuptor și presărați 1/2 cană de brânză mozzarella peste amestecul de sos de spaghete.

g) Continuați să coaceți descoperit timp de încă 10 minute până când devine clocotită. Tăiați felii și serviți.

3. Panna Cotta de ciocolată

5 portii

Ingrediente:

- 500 ml smântână groasă
- 10 g gelatină
- 70 g ciocolată neagră
- 2 linguri de iaurt
- 3 linguri de zahar
- un vârf de cuțit de sare

Directii:

a) Într-o cantitate mică de smântână, înmuiați gelatina.

b) Într-o cratiță mică, turnați smântâna rămasă. Aduceți zahărul și iaurtul la fiert, amestecând din când în când, dar nu fierbeți. Scoateți tigaia de pe foc.

c) Se amestecă ciocolata și gelatina până se dizolvă complet.

d) Umpleți formele cu aluat și dați la rece 2-3 ore.

e) Pentru a elibera panna cotta din matriță, treceți-o câteva secunde sub apă fierbinte înainte de a îndepărta desertul.

f) Decoreaza dupa bunul plac si serveste!

4. Cheesy Galette cu Salam

5 portii

Ingrediente:

- 130 g unt
- 300 g faina
- 1 lingurita sare
- 1 ou
- 80 ml lapte
- 1/2 lingurita otet
- Umplere:
- 1 rosie
- 1 ardei dulce
- zucchini
- salam
- mozzarella
- 1 lingura ulei de masline
- ierburi (cum ar fi cimbru, busuioc, spanac)

Directii:

a) Taie untul cubulete.

b) Într-un castron sau tigaie, combinați uleiul, făina și sarea și tăiați cu un cuțit.

c) Aruncați un ou, puțin oțet și puțin lapte.

d) Începeți să frământați aluatul. Dă-l la frigider pentru o jumătate de oră după ce ai făcut o bilă și l-ai învelit în folie de plastic.

e) Tăiați toate ingredientele de umplutură.

f) Puneți umplutura în centrul unui cerc mare de aluat care a fost întins pe pergament de copt (cu excepția Mozzarella).

g) Stropiți cu ulei de măsline și asezonați cu sare și piper.

h) Apoi ridicați cu grijă marginile aluatului, înfășurați-le în jurul secțiunilor suprapuse și apăsați-le ușor.

i) Preîncălziți cuptorul la 200°C și coaceți timp de 35 de minute. Adăugați mozzarella cu zece minute înainte de sfârșitul timpului de coacere și continuați coacerea.

j) Serviți imediat!

5. Panna Cotta

Porții: 6

Ingrediente:

- ⅓ cană lapte
- 1 pachet gelatina fara aroma
- 2 ½ căni de smântână groasă
- ¼ cană zahăr
- ¾ cană de căpșuni feliate
- 3 linguri de zahar brun
- 3 linguri rachiu

Directii:

a) Amestecați laptele și gelatina până când gelatina se dizolvă complet. Scoateți din ecuație.

b) Într-o cratiță mică, aduceți smântâna grea și zahărul la fiert.

c) Încorporați amestecul de gelatină în smântâna groasă și amestecați timp de 1 minut.

d) Împărțiți amestecul în 5 rame.

e) Puneți folie de plastic peste ramekine. După aceea, se răcește timp de 6 ore.

f) Într-un castron, combinați căpșunile, zahărul brun și coniacul; se lasa la rece cel putin 1 ora.

g) Puneți căpșunile deasupra panna cotta.

6. Flan de Caramel

Porții: 4

Ingrediente:

- 1 lingurita extract de vanilie
- 4 ouă
- 2 cutii de lapte (1 evaporat si 1 condensat indulcit)
- 2 cesti de frisca
- 8 linguri de zahăr

Directii:

a) Preîncălziți cuptorul la 350 de grade Fahrenheit.

b) Într-o tigaie antiaderentă, topește zahărul la foc mediu până devine auriu.

c) Turnați zahărul lichefiat într-o tavă cât este încă fierbinte.

d) Într-un vas de amestec, spargeți și bateți ouăle. Combinați laptele condensat, extractul de vanilie, smântâna și laptele îndulcit într-un castron. Faceți un amestec amănunțit.

e) Turnați aluatul în tava de copt acoperită cu zahăr topit. Puneți tigaia într-o tigaie mai mare cu 1 inch de apă clocotită.

f) Coaceți timp de 60 de minute.

7. Crema Catalana

Porții: 3

Ingrediente:

- 4 gălbenușuri de ou
- 1 scorțișoară (băț)
- 1 lamaie (coaja)
- 2 linguri amidon de porumb
- 1 cană zahăr
- 2 cani de lapte
- 3 căni de fructe proaspete (fructe de pădure sau smochine)

Directii:

a) Într-o tigaie, amestecați gălbenușurile de ou și o porție mare de zahăr. Amestecați până când amestecul devine spumos și neted.

b) Adauga batonul de scortisoara cu coaja de lamaie. Faceți un amestec amănunțit.

c) Amestecați amidonul de porumb și laptele. La foc mic, amestecați până când amestecul se îngroașă.

d) Scoateți oala din cuptor. Se lasa sa se raceasca cateva minute.

e) Puneți amestecul în rame și puneți deoparte.

f) Se lasa deoparte cel putin 3 ore la frigider.

g) Când este gata de servire, turnați zahărul rămas peste ramekine.

h) Puneți ramekinele pe raftul de jos al cazanului. Lasă zahărul să se topească până capătă o culoare maro auriu.

i) Ca garnitură, se servește cu fructe.

8. Cremă spaniolă de portocale-lămâie

Porții: 1 porție

Ingredient

- 4½ linguriță gelatină simplă
- ½ cană suc de portocale
- ¼ cană suc de lămâie
- 2 cani de lapte
- 3 ouă, separate
- ⅔ cană zahăr
- Vârf de cuțit de sare
- 1 lingura coaja rasa de portocala

Directii:

a) Se amestecă gelatina, sucul de portocale și sucul de lămâie și se lasă deoparte timp de 5 minute.

b) Se opărește laptele și se amestecă gălbenușurile, zahărul, sarea și coaja de portocală.

c) Gătiți într-un fierbător dublu până când acoperă partea din spate a lingurii.

d) După aceea, adăugați amestecul de gelatină. Rece.

e) Adăugați în amestec albușurile bătute tare.

f) Dă la frigider până se stabilește.

9. pepene beat

Porții: 4 până la 6 porții

Ingredient

- Pentru preparat O selecție de 3 până la 6 brânzeturi spaniole diferite
- 1 sticla de vin de porto
- 1 Pepene galben, blatul scos și fără sâmburi

Directii:

a) Cu una până la trei zile înainte de cină, turnați portul în pepene galben.

b) Se da la frigider, acoperit cu folie de plastic si cu blatul inlocuit.

c) Scoateți pepenele galben din frigider și scoateți folia și blatul când sunt gata de servire.

d) Scoateți portul din pepene și puneți-l într-un castron.

e) Tăiați pepenele galben în bucăți după ce ați îndepărtat coaja. Puneți bucățile în patru feluri de mâncare răcite separate.

f) Serviți pe o garnitură cu brânzeturi.

10.   Sorbet de migdale

Porții: 1 porție

Ingredient

- 1 cană migdale albite; prăjită
- 2 căni de apă de izvor
- ¾ cană de zahăr
- 1 praf de scortisoara
- 6 linguri sirop de porumb usor
- 2 linguri Amaretto
- 1 lingurita coaja de lamaie

Directii:

a) Într-un robot de bucătărie, măcinați migdalele până la o pudră. Într-o cratiță mare, combinați apa, zahărul, siropul de porumb, lichiorul, coaja și scorțișoara, apoi adăugați nucile măcinate.

b) La foc mediu, amestecați constant până când zahărul se dizolvă și amestecul fierbe. 2 minute la fierbere

c) Lăsați deoparte să se răcească Folosind un aparat de înghețată, amestecați până când este semi-înghețat.

d) Dacă nu aveți un aparat de înghețată, transferați amestecul într-un bol de oțel inoxidabil și congelați până se întărește, amestecând la fiecare 2 ore.

11.   tort spaniol cu mere

Porții: 8 porții

Ingredient

- $\frac{1}{4}$ de kilograme de unt
- $\frac{1}{2}$ cană de zahăr
- 1 galbenus de ou
- $1\frac{1}{2}$ cană făină cernută
- 1 lingura de sare
- $\frac{1}{8}$ linguriță Praf de copt
- 1 cană de lapte
- $\frac{1}{2}$ coajă de lămâie
- 3 gălbenușuri de ou
- $\frac{1}{4}$ cană de zahăr
- $\frac{1}{4}$ cană făină
- $1\frac{1}{2}$ lingură Unt
- $\frac{1}{4}$ cană de zahăr
- 1 lingura suc de lamaie
- $\frac{1}{2}$ linguriță scorțișoară
- 4 mere, decojite și tăiate felii
- Măr; caise sau orice jeleu la alegere

Directii:

a) Preîncălziți cuptorul la 350°F. Combinați zahărul și untul într-un castron. Se amestecă ingredientele rămase până se formează o bilă.

b) Întindeți aluatul într-o tavă cu arc sau într-o formă de plăcintă. A se păstra la frigider până când este gata de utilizare.

c) Combinați sucul de lămâie, scorțișoara și zahărul într-un castron. Se amestecă cu merele și se amestecă. Acesta este ceva ce se poate face din timp.

d) Adăugați coaja de lămâie în lapte. Aduceți laptele la fiert, apoi reduceți la foc mic timp de 10 minute. Între timp, într-o tigaie groasă, amestecați gălbenușurile de ou și zahărul.

e) Când laptele este gata, turnați-l încet în amestecul de gălbenușuri în timp ce amestecați constant la foc mic. Se amestecă încet făina în timp ce se amestecă la foc mic.

f) Continuați să amestecați amestecul până când este omogen și gros. Scoateți tigaia de pe foc. Se amestecă încet untul până se topește.

g) Umpleți crusta cu crema. Pentru a face un singur strat sau dublu, puneți merele deasupra. Puneți tortul într-un cuptor la 350°F timp de aproximativ 1 oră după ce este terminat.

h) Scoateți și lăsați deoparte să se răcească. Când merele sunt suficient de reci pentru a fi manipulate, încălziți jeleul la alegere și stropiți-l deasupra.

i) Pune jeleul deoparte să se răcească. Servi.

12. Crema de caramel

Porții: 1 porție

Ingredient

- ½ cană zahăr granulat
- 1 lingurita Apa
- 4 gălbenușuri sau 3 ouă întregi
- 2 căni de lapte, opărit
- ½ linguriță extract de vanilie

Directii:

a) Într-o tigaie mare, combinați 6 linguri de zahăr și 1 cană de apă. Se încălzește la foc mic, scuturând sau răsturnând din când în când cu o lingură de lemn, până când zahărul devine auriu.

b) Turnați siropul de caramel într-o tavă de copt cât mai curând posibil. Se lasa sa se raceasca pana se intareste.

c) Preîncălziți cuptorul la 325 de grade Fahrenheit.

d) Fie bate galbenusurile, fie ouale intregi impreuna. Se amestecă laptele, extractul de vanilie și zahărul rămas până când se combină complet. Se toarnă deasupra caramelul răcit.

e) Puneți vasul de copt într-o baie de apă fierbinte. Coaceți timp de 1-112 ore, sau până când centrul este setat. Cool, cool, cool.

f) Pentru a servi, răsturnați cu grijă pe un platou de servire.

13.   Cheesecake spaniol

Porții: 10 porții

Ingredient

- 1 kg crema de branza
- 1½ cană de zahăr; Granulat
- 2 oua
- ½ linguriță scorțișoară; Sol
- 1 linguriță coajă de lămâie; Ras
- ¼ cană făină nealbită
- ½ lingurita Sare
- 1 x zahăr de cofetarie
- 3 linguri de unt

Directii:

a) Preîncălziți cuptorul la 400 de grade Fahrenheit. Cremam branza, 1 lingura de unt si zaharul intr-un lighean mare. Nu bateți.

b) Adaugati ouale pe rand, batand bine dupa fiecare adaugare.

c) Combinați scorțișoara, coaja de lămâie, făina și sarea. Ungeți tigaia cu restul de 2 linguri de unt, întindeți-o uniform cu degetele.

d) Turnați aluatul în tava pregătită și coaceți la 400 de grade timp de 12 minute, apoi scadeți la 350 de grade și coaceți încă 25 până la 30 de minute. Cuțitul trebuie să fie fără reziduuri.

e) Cand prajitura s-a racit la temperatura camerei, pudra-l cu zahar de cofetarie.

14. Cremă spaniolă prăjită

Porții: 8 porții

Ingredient

- 1 baton de scortisoara
- Coaja de 1 lămâie
- 3 căni de lapte
- 1 cană de zahăr
- 2 linguri amidon de porumb
- 2 lingurițe de scorțișoară
- Făină; pentru dragare
- Spălarea ouălor
- Ulei de masline; pentru prăjit

Directii:

a) Combinați batonul de scorțișoară, coaja de lămâie, 34 de căni de zahăr și 212 de căni de lapte într-o oală la foc mediu.

b) Se aduce la fierbere scăzut, apoi se reduce la foc mic și se fierbe timp de 30 de minute. Scoateți coaja de lămâie și batonul de scorțișoară. Combinați laptele rămas și amidonul de porumb într-un lighean mic de amestecare.

c) Bateți bine. Într-un flux lent și constant, amestecați amestecul de amidon de porumb în laptele încălzit. Se aduce la fierbere, apoi se reduce la foc mic și se fierbe timp de 8 minute, amestecând des. Se ia de pe foc și se toarnă într-o tavă de copt de 8 inci care a fost unsă cu unt.

d) Se lasa sa se raceasca complet. Acoperiți și răciți până se răcesc complet. Faceți triunghiuri de 2 inci din cremă.

e) Combinați cele 14 cani de zahăr rămase și scorțișoara într-un castron. Amestecați bine. Trageți triunghiurile în făină până când sunt acoperite complet.

f) Înmuiați fiecare triunghi în spălarea cu ouă și picurați orice exces. Întoarceți cremele în făină și acoperiți complet.

g) Încinge uleiul într-o tigaie mare la foc mediu. Se pun triunghiurile in uleiul incins si se prajesc 3 minute, sau pana se rumenesc pe ambele parti.

h) Scoateți puiul din tigaie și scurgeți-l pe prosoape de hârtie. Se amestecă cu amestecul de zahăr de scorțișoară și se condimentează cu sare și piper.

i) Continuați cu restul triunghiurilor în același mod.

15. Piersici coapte italiene

Porții: 1 porție

Ingredient

- 6 piersici coapte
- ⅓ cană de zahăr
- 1 cană migdale măcinate
- 1 galbenus de ou
- ½ linguriță extract de migdale
- 4 linguri de unt
- ¼ cană migdale tăiate felii
- Smântână groasă, opțional

Directii:

a) Preîncălziți cuptorul la 350 de grade Fahrenheit. Piersicile trebuie clătite, tăiate la jumătate și fără sâmburi. Intr-un robot de bucatarie, pasa 2 jumatati de piersici.

b) Într-un vas de amestecat, combinați piureul, zahărul, migdalele măcinate, gălbenușul de ou și extractul de migdale. Pentru a face o pastă netedă, combinați toate ingredientele într-un bol de amestecare.

c) Turnați umplutura peste fiecare jumătate de piersică și puneți jumătățile de piersici umplute într-o tavă de copt unsă cu unt.

d) Presărați migdale feliate și ungeți untul rămas peste piersici înainte de a coace timp de 45 de minute.

e) Se serveste cald sau rece, cu o parte de crema sau inghetata.

16.   Tort italian picant cu prune-prune

Porții: 12 porții

Ingredient

- 2 căni de italiană fără sâmburi și sferturi
- Prune-prune, fierte până la
- Moale și răcită
- 1 cană unt nesărat, înmuiat
- 1¾ cană zahăr granulat
- 4 ouă
- 3 cani de faina cernuta
- ¼ cană unt nesărat
- ½ kilograme de zahăr pudră
- 1½ lingură Cacao neîndulcită
- Ciupiți de sare
- 1 lingurita scortisoara
- ½ linguriță cuișoare măcinate
- ½ linguriță nucșoară măcinată
- 2 lingurite de bicarbonat de sodiu
- ½ cană de lapte
- 1 cană nuci, tocate mărunt
- 2 până la 3 linguri tari, fierbinți

- Cafea

- ¾ lingurita de vanilie

Directii:

a) Preîncălziți cuptorul la 350°F. Unge și făină o tigaie Bundt de 10 inci.

b) Într-un lighean mare, cremă untul și zahărul până devine ușor și pufos.

c) Bateți ouăle unul câte unul.

d) Combinați făina, condimentele și bicarbonatul de sodiu într-o sită. În treimi, adăugați amestecul de făină în amestecul de unt, alternând cu laptele. Bate doar pentru a combina ingredientele.

e) Adăugați prunele-prune fierte și nucile și amestecați pentru a se combina. Turnați în tava pregătită și coaceți timp de 1 oră într-un cuptor la 350 ° F sau până când prăjitura începe să se micșoreze de pe părțile laterale ale tavii.

f) Pentru a face glazura, cremă împreună untul și zahărul de cofetă. Adăugați treptat zahărul și pudra de cacao, amestecând constant până se omogenizează complet. Asezonați cu sare.

g) Se amestecă o cantitate mică de cafea la un moment dat.

h) Bateți până devine ușor și pufos, apoi adăugați vanilie și decorați tortul.

17.   Bomboane cu nuci spaniole

Porții: 1 porție

Ingredient

- 1 cană de lapte
- 3 căni de zahăr brun deschis
- 1 lingura de unt
- 1 lingurita extract de vanilie
- 1 kg carne de nucă; tocat

Directii:

a) Se fierbe laptele cu zaharul brun pana cand se caramelizeaza, apoi se adauga untul si esenta de vanilie chiar inainte de servire.

b) Chiar înainte de a scoate bomboana de pe foc, adaugă nucile.

c) Într-un castron mare, combinați bine nucile și turnați amestecul în formele de brioșe pregătite.

d) Tăiați imediat pătrate cu un cuțit ascuțit.

18.   Budincă cu miere

Porții: 6 porții

Ingredient

- ¼ cană unt nesărat
- 1½ cană de lapte
- 2 ouă mari; ușor bătută
- 6 felii pâine albă de țară; rupt
- ½ cană Clear; miere subțire, plus
- 1 lingura Clear; miere subțire
- ½ cană apă fierbinte; la care se adauga
- 1 lingură apă fierbinte
- ¼ linguriță scorțișoară măcinată
- ¼ lingurita de vanilie

Directii:

a) Preîncălziți cuptorul la 350 de grade și folosiți puțin unt pentru a unge un vas de plăcintă de sticlă de 9 inci. Amestecați laptele și ouăle, apoi adăugați bucățile de pâine și întoarceți-le pentru a le acoperi uniform.

b) Lăsați pâinea la macerat timp de 15 până la 20 de minute, răsturnând-o o dată sau de două ori. Într-o tigaie mare antiaderentă, încălziți untul rămas la foc mediu.

c) Prăjiți pâinea înmuiată în unt până devine aurie, aproximativ 2 până la 3 minute pe fiecare parte. Transferați pâinea în tava de copt.

d) Într-un castron, combinați mierea și apa fierbinte și amestecați până când amestecul se omogenizează.

e) Se amestecă scorțișoara și vanilia și se stropește amestecul peste și în jurul pâinii.

f) Coaceți aproximativ 30 de minute, sau până când se rumenesc.

19.   tort cu ceapă spaniolă

Porții: 2 porții

Ingredient

- ½ linguriță ulei de măsline
- 1 litru de ceapă spaniolă
- ¼ cană apă
- ¼ cană vin roșu
- ¼ lingurita rozmarin uscat
- 250 de grame de cartofi
- 3/16 cană iaurt natural
- ½ lingură făină simplă
- ½ ou
- ¼ cană parmezan
- ⅛ cană pătrunjel italian tocat

Directii:

a) Pregătiți ceapa spaniolă tăind-o felii subțiri și răzând cartofii și parmezanul.

b) Într-o tigaie cu fundul greu, încălziți uleiul. Gatiti, amestecand din cand in cand, pana ce ceapa este moale.

c) Se fierbe timp de 20 de minute sau până când lichidul s-a evaporat și ceapa a căpătat o culoare maro-închis-roșiatică.

d) Se amestecă rozmarinul, cartofii, făina, iaurtul, ouăle și parmezanul într-un castron. Se amestecă ceapa.

e) Într-un vas de flan de 25 cm bine uns, întindeți ingredientele uniform. Preîncălziți cuptorul la 200°C și coaceți timp de 35-40 de minute, sau până când se rumenesc.

f) Se ornează cu pătrunjel înainte de a tăia felii și de a servi.

20. Sufleu spaniol la tigaie

Porții: 1

Ingredient

- 1 cutie de orez brun spaniol rapid
- 4 ouă
- 4 uncii ardei iute verde tocat
- 1 cană de apă
- 1 cană brânză rasă

Directii:

a) Urmați instrucțiunile de ambalare pentru gătirea conținutului cutiei.

b) Când orezul este gata, amestecați restul de ingrediente, cu excepția brânzei.

c) Acoperiți cu brânză rasă și coaceți la 325°F timp de 30-35 de minute.

21. Semifreddo de miere congelată

Porții: 8 porții

Ingrediente

- 8 uncii de smântână groasă
- 1 lingurita extract de vanilie
- 1/4 lingurita apa de trandafiri
- 4 ouă mari
- 4 1/2 uncii de miere
- 1/4 linguriță plus 1/8 linguriță sare kosher
- Topping-uri, cum ar fi fructe tăiate, nuci prăjite, nituri de cacao sau ciocolată ras

Directii

a) Preîncălziți cuptorul la 350°F. Tapetați o tavă de 9 pe 5 inci cu folie de plastic sau hârtie de pergament.

b) Pentru Semifreddo, în bolul unui mixer cu suport prevăzut cu un accesoriu de tel, bateți smântâna, vanilia și apa de trandafiri până se întăresc.

c) Transferați într-un castron sau farfurie separată, acoperiți și răciți până este gata de utilizare.

d) În bolul unui mixer cu stand, amestecați ouăle, mierea și sarea. Pentru a amesteca, folosiți o spatulă flexibilă pentru a amesteca totul. Reglați căldura pentru a menține o fierbere lent peste baia de apă pregătită, asigurându-vă că vasul nu atinge apa.

e) Într-un lighean de oțel inoxidabil, gătiți, învârtiți și răzuiți în mod regulat cu o spatulă flexibilă, până când se încălzește la 165 ° F, aproximativ 10 minute.

f) Transferați amestecul într-un mixer cu suport echipat cu un accesoriu de tel după ce ajunge la 165°F. Bateți ouăle la mare putere până devin spumoase.

g) Bateți ușor jumătate din frișca pregătită cu mâna. Adăugați ingredientele rămase, bateți rapid, apoi pliați cu o spatulă flexibilă până se omogenizează bine.

h) Răzuiți în tava de pâine pregătită, acoperiți strâns și congelați timp de 8 ore sau până când este suficient de solid pentru a fi feliat sau până când temperatura internă atinge 0°F.

i) Răsturnați semifreddo pe un vas răcit pentru a servi.

22. Sorbet de lămâie cu avocado infuzat cu coriandru

Face 4
Timp total: 18 minute

Ingrediente

- 2 avocado (sâmbure și coaja îndepărtate)
- 1/4 cană eritritol, pudră
- 2 lime medii, suc și zestate
- 1 cană lapte de cocos
- 1/4 linguriță Stevia lichidă
- 1/4 – 1/2 cană coriandru, tocat

Directii

a) Aduceți laptele de cocos la fiert într-o cratiță. Adăugați coaja de lămâie.

b) Lăsați amestecul să se răcească și apoi congelați.

c) Într-un robot de bucătărie, combinați avocado, coriandru și sucul de lămâie. Pulsați până când amestecul are o textură consistentă.

d) Peste avocado se toarnă amestecul de lapte de cocos și stevia lichidă. Se amestecă amestecul până când ajunge la consistența potrivită. Este nevoie de aproximativ 2-3 minute pentru a face această sarcină.

e) Reveniți la congelator pentru a dezgheța sau servi imediat!

23. Cheesecake cu plăcintă de dovleac

Face 1

Timp total: 20 de minute

Ingrediente

Crusta
- 3/4 cană făină de migdale
- 1/2 cană făină din semințe de in
- 1/4 cană unt
- 1 linguriță de condimente pentru plăcintă de dovleac
- 25 de picături Stevia lichidă

Umplutura
g) 6 oz. Cremă de brânză vegană
h) 1/3 cană piure de dovleac
i) 2 linguri de smantana
j) 1/4 cană smântână vegană
k) 3 linguri de unt
l) 1/4 linguriță de condimente pentru plăcintă de dovleac
m) 25 de picături Stevia lichidă

Directii

a) Combinați toate ingredientele uscate ale crustei și amestecați bine.

b) Se pasează ingredientele uscate cu untul și stevia lichidă până se formează un aluat.

c) Pentru mini tavile pentru tartă, rulați aluatul în sfere mici.

d) Apăsați aluatul pe marginea tăvii de tartă până ajunge și urcă pe părțile laterale.

e) Combinați toate ingredientele de umplutură într-un bol de amestecare.

f) Amestecați ingredientele de umplutură folosind un blender de imersie.

g) După ce ingredientele de umplutură sunt netede, distribuiți-le în crustă și răciți.

h) Scoateți din frigider, feliați și acoperiți cu frișcă dacă doriți.

24. Înghețată moca

Face 2
Timp total: 10 minute

Ingrediente

- 1 cană lapte de cocos
- 1/4 cană smântână vegană
- 2 linguri de eritritol
- 20 picături Stevia lichidă
- 2 linguri pudră de cacao
- 1 lingurita cafea instant
- Mentă

Directii

a) Amestecați toate ingredientele și apoi transferați în aparatul de înghețată și amestecați conform instrucțiunilor producătorului timp de 15-20 de minute.

b) Când înghețata este înghețată ușor, se servește imediat cu o frunză de mentă.

25. gogoși cu cireșe și ciocolată

Face 12

Ingrediente

Ingrediente uscate

- 3/4 cană făină de migdale
- 1/4 cană făină din semințe de in auriu
- 1 lingurita Praf de copt
- Ciupiți de sare
- 10 g batoane de ciocolată neagră, tăiate în bucăți

Ingrediente umede

- 2 ouă mari
- 1 lingurita Extract de vanilie
- 2 1/2 linguri ulei de cocos
- 3 linguri lapte de cocos

Directii

a) Într-un castron mare, combinați ingredientele uscate (cu excepția ciocolatei negre).

b) Amestecați ingredientele umede și apoi adăugați bucățile de ciocolată neagră.

c) Conectați aparatul de gogoși și ungeți-l dacă este necesar.

d) Turnați aluatul în aparatul pentru gogoși, închideți și gătiți aproximativ 4-5 minute.

e) Reduceți focul la mic și gătiți încă 2-3 minute.

f) Repetați pentru restul aluatului și apoi serviți.

26.   Budinca de mure

Face 1

Ingrediente

- 1/4 cană făină de cocos
- 1/4 linguriță de praf de copt
- 2 linguri ulei de cocos
- 2 linguri de unt vegan
- 2 linguri Cremă Vegană Heavy
- 2 lingurite suc de lamaie
- Zest 1 Lămâie
- 1/4 cană mure
- 2 linguri de eritritol
- 20 picături Stevia lichidă

Directii

a) Preîncălziți cuptorul la 350 de grade Fahrenheit.

b) Cerne ingredientele uscate peste componentele umede și amestecă la viteză mică până se combină bine.

c) Împărțiți aluatul între două rame.

d) Împingeți murele în partea de sus a aluatului pentru a le distribui în mod egal în aluat.

e) Coaceți 20-25 de minute.

f) Serviți cu o prafă de smântână grea pentru frișcă deasupra!

27. Plăcintă de dovleac cu sirop de artar

Face 8 portii

Ingrediente

- 1 crustă de plăcintă vegană
- 1 cutie (16 uncii) de dovleac
- 1 pachet (12 uncii) de tofu de mătase extra ferm, scurs și uscat
- 1 cană zahăr
- 2 lingurite de scortisoara macinata
- 1/2 linguriță ienibahar măcinat
- 1/2 lingurita de ghimbir macinat
- 1/2 lingurita nucsoara macinata

Directii

a) Amestecați dovleacul și tofu într-un robot de bucătărie până la omogenizare. Adăugați zahărul, siropul de arțar, scorțișoara, ienibaharul, ghimbirul și nucșoara până la omogenizare.

b) Preîncălziți cuptorul la 400 de grade Fahrenheit.

c) Umpleți crusta cu umplutura. Coaceți timp de 15 minute la 350°F.

28. Plăcintă rustică

Face 4 până la 6 porții

Ingrediente

- Cartofi Yukon Gold, decojiți și tăiați cubulețe
- 2 linguri margarina vegana
- 1/4 cană lapte de soia simplu, neîndulcit
- Sare și piper negru proaspăt măcinat
- 1 lingura ulei de masline
- 1 ceapa galbena medie, tocata marunt
- 1 morcov mediu, tocat mărunt
- 1 coastă de țelină, tocată mărunt
- 12 uncii de seitan, tocat fin
- 1 cană mazăre congelată
- 1 cană boabe de porumb congelate
- 1 lingurita cimentar uscat
- 1/2 lingurita de cimbru uscat

Directii

a) Într-o cratiță cu apă clocotită cu sare, fierbeți cartofii până se înmoaie, 15 până la 20 de minute.

b) Se scurge bine si se intoarce in oala. Adăugați margarina, laptele de soia și sare și piper după gust.

c) Se pasează grosier cu un piure de cartofi și se pune deoparte. Preîncălziți cuptorul la 350°F.

d) Într-o tigaie mare, încălziți uleiul la foc mediu. Adăugați ceapa, morcovul și țelina.

e) Acoperiți și gătiți până se înmoaie, aproximativ 10 minute. Transferați legumele într-o tavă de copt de 9 x 13 inci. Se amestecă seitanul, sosul de ciuperci, mazărea, porumbul, cimbru și cimbru.

f) Se condimentează cu sare și piper după gust și se întinde uniform amestecul în tava de copt.

g) Acoperiți cu piureul de cartofi, întinzându-l pe marginile tavii de copt. Coaceți până când cartofii se rumenesc și umplutura este spumoasă, aproximativ 45 de minute.

h) Serviți imediat.

29. Fondue de ciocolată amaretto

Face 4 portii

Ingrediente

- 3 uncii de ciocolată de copt neîndulcită
- 1 cană smântână groasă
- 24 de pachete de îndulcitor aspartam
- 1 lingura zahar
- 1 lingurita amaretto
- 1 lingurita extract de vanilie
- Fructe de pădure, ½ cană per porție

Directii

a) Rupeți ciocolata în bucăți mici și puneți într-o măsură de sticlă de 2 căni cu smântână.

b) Se încălzește la cuptorul cu microunde la maxim până se topește ciocolata, aproximativ 2 minute. Bateți până când amestecul devine strălucitor.

c) Adăugați îndulcitorul, zahărul, amaretto și vanilia, amestecând până când amestecul este omogen.

d) Transferați amestecul într-un vas pentru fondue sau într-un bol de servire. Serviți cu fructe de pădure pentru înmuiere.

30.   Flanuri cu coulis de zmeură

Face 2 până la 4 porții

Ingrediente

- 1 cană lapte
- 1 cană jumătate și jumătate
- 2 ouă mari
- 2 galbenusuri mari
- 6 pachete de îndulcitor aspartam
- $\frac{1}{4}$ linguriță sare kosher
- 1 lingurita extract de vanilie
- 1 cană zmeură proaspătă

Directii

a) Puneți o tavă de prăjire umplută cu 1 inch de apă pe un grătar în treimea inferioară a cuptorului.

b) Unge șase ramekine de $\frac{1}{2}$ inch. Încinge laptele și jumătate în cuptorul cu microunde la putere mare (100 la sută putere) timp de 2 minute sau pe plită într-o cratiță medie până se încălzește.

c) Între timp, bate ouăle și gălbenușurile într-un castron mediu până devine spumos.

d) Bateți treptat amestecul de lapte fierbinte în ouă. Se amestecă îndulcitorul, sarea și vanilia. Turnați amestecul în ramekins pregătiți.

e) Puneți în cratițele umplute cu apă și coaceți până când cremele se întăresc, aproximativ 30 de minute.

f) Scoateți vasele din tigaie și răciți la temperatura camerei pe un grătar, apoi dați la frigider până se răcesc, aproximativ 2 ore.

g) Pentru a face coulis, pur și simplu pasați zmeura în piure în robotul de bucătărie. Adăugați îndulcitor după gust.

h) Pentru a servi, treceți o lingură pe marginea fiecărei creme și turnați-o pe o farfurie de desert.

i) Stropiți coulis deasupra cremei și terminați cu câteva zmeură proaspătă și o crenguță de mentă, dacă folosiți.

31.   Biluțe de fructe în bourbon

Face 2 portii

Ingrediente

- ½ cană bile de pepene galben
- ½ cană căpșuni tăiate în jumătate
- 1 lingura de bourbon
- 1 lingura zahar
- ½ pachet de îndulcitor aspartam
- Crengute de menta proaspata pentru decor

Directii

a) Combinați biluțele de pepene galben și căpșunile într-un vas de sticlă.

b) Se amestecă cu bourbon, zahăr și aspartam.

c) Se acopera si se da la frigider pana la momentul servirii. Turnați fructele în vasele de desert și decorați cu frunze de mentă.

32. Înghețată de plăcintă pecan

Randament: 5 cesti

Ingrediente:

- 2 cani de lapte integral
- 1 cană smântână groasă
- ½ cană zahăr brun deschis
- 2 oua
- 1 lingurita extract de vanilie
- 1 cană nuci pecan tocate grosier
- ⅔ cană sirop de arțar
- 2 linguri de unt nesarat topit
- ¼ linguriță sare kosher

Directii:

a) Într-o oală mare, combinați laptele și smântâna. Adăugați zahărul și amestecați bine. Se încălzește la foc mediu-mare până se opărește.

b) Într-un castron mic, amestecați ouăle până se omogenizează bine. Bateți câteva linguri din amestecul de lapte fierbinte în ouă, apoi turnați încet amestecul de ouă înapoi în tigaie.

c) Pe măsură ce amestecul se răcește, continuați să amestecați încă 5 minute sau mai mult. Se amestecă extractul de vanilie.

d) Turnați crema într-un bol, acoperiți și lăsați-o la rece timp de 6 ore sau peste noapte.

e) Într-o tigaie mică și grea, prăjiți nucile pecan la foc mediu-mare. Amestecați-le până se rumenesc ușor. Scoateți tigaia de pe foc. Adăugați siropul de arțar, untul și sarea după gust.

f) Se amestecă pentru a acoperi uniform nucile pecan. Dați amestecul la rece.

g) Turnați crema răcită în mașina dvs. de înghețată și amestecați timp de 40 până la 50 de minute sau până când amestecul are consistența unei înghețate moale.

h) Puneți-l într-un vas de amestecare. Se amestecă nucile răcite și siropul.

i) Congelați înghețata într-unul sau mai multe recipiente pentru cel puțin 2 ore, sau până când este fermă.

33. Budincă de pâine cu chips de scorțișoară

Randament: 10 porții

Ingrediente

Budinca de paine:

- 2 cesti jumatate si jumatate
- 2 linguri de unt
- 3 oua
- 1/3 cană zahăr
- 1/4 linguriță de nucșoară măcinată
- 1 lingurita extract de vanilie
- 3 căni de pâine, rupte în bucăți mici
- O mână de chipsuri de scorțișoară

Lapte de vanilie:

- 1 cană lapte
- 1/4 cană unt
- 1/3 cană zahăr
- 1 lingurita de vanilie
- 1 linguri de faina

- 1/2 linguriță sare

Directii:

Budinca de paine:

a) Fierbeți jumătate și jumătate și untul într-o cratiță la foc mediu-înalt.

b) Într-un vas separat, amestecați ouăle, nucșoara și extractul de vanilie. Bateți bine amestecul de lapte și unt încălzit.

c) Rupeți pâinea în bucăți mici și puneți-o într-o caserolă care a fost pregătită.

d) Întindeți amestecul deasupra și deasupra cu chipsuri de scorțișoară.

e) Acoperiți cu folie și coaceți timp de 30 de minute la 350 de grade.

f) Scoateți folia și coaceți încă 15 minute.

Lapte cald de vanilie:

g) Topiți untul și amestecați făina pentru a face o pastă.

h) Adăugați laptele, zahărul, vanilia și sarea și aduceți la fiert, amestecând des, timp de 5 minute sau până când se îngroașă într-un sirop.

i) Se toarnă sosul peste budinca de pâine caldă și se servește imediat.

34. Mere Caramel la cuptor

Randament: 24 de mere

Ingrediente:

- 24 de mere decojite, fără miez, tăiate în bucăți
- 3 căni de zahăr brun
- 3/4 cană apă
- 6 linguri de unt
- 3 lingurite sare
- 6 linguri de faina
- unt suplimentar pentru punctare
- presarati scortisoara

Directii:

a) Preîncălziți cuptorul la 350 de grade Fahrenheit.

b) Într-o cratiță, combinați toate ingredientele pentru sos și aduceți la fierbere moale; sosul se va îngroșa și se va transforma într-o textură de caramel/sos.

c) Distribuiți merele uniform între două plăci de copt de 9 x 13 inci, apoi acoperiți cu cantități egale de sos de caramel.

d) Deasupra se intinde unt si se presara scortisoara deasupra.

e) Coaceți acoperit timp de 1 oră, amestecând după 30 de minute.

35.   Mulțumesc plăcintă cu dovleac

Randament: 8 portii

Ingrediente:

- 1 cutie (30 oz) amestec de plăcintă cu dovleac
- 2/3 cană lapte evaporat
- 2 ouă mari, bătute
- 1 coajă de plăcintă necoaptă de 9 inci

Directii:

a) Preîncălziți cuptorul la 425 de grade Fahrenheit.

b) Într-un castron mare, combinați amestecul de plăcintă de dovleac, laptele evaporat și ouăle.

c) Turnați umplutura în coaja de plăcintă.

d) Se coace 15 minute la cuptor.

e) Ridicați temperatura la 350°F și coaceți încă 50 de minute.

f) Agitați-l ușor pentru a vedea dacă este complet copt.

g) Se răcește timp de 2 ore pe un grătar.

36. Fleac de dovleac cu conținut scăzut de grăsimi

Randament: 18 porții

Ingrediente:

Tort:

- 1 cutie Spice Cake, maruntita cu mainile
- 1 1/4 cani de apa
- 1 ou

Umplutură de budincă:

- 4 căni de lapte degresat
- 4 pachete (1 oz fiecare) amestec de budincă cu unt
- 1 cutie (15 oz) amestec de dovleac
- 1 1/2 linguriță de condiment de dovleac
- 12 uncii de topping ușor biciuit

Directii:

a) Combinați toate ingredientele pentru prăjitură într-o tavă pătrată de 8 inci și coaceți timp de 35 de minute sau până când se fixează.

b) Se răcește pe aragaz sau pe grătar.

c) Într-un castron mare, combinați laptele și amestecul de budincă. Se lasa sa se ingroase cateva minute. Se amestecă bine dovleacul și condimentele.

d) Începeți prin a stratifica o pătrime din tort, apoi jumătate din amestecul de dovleac, apoi o pătrime din tort și jumătate din frișcă

e) Repetați straturile

f) Se ornează cu topping bătut și firimituri de tort. Se da la frigider pana este gata de servire

37. Prajitura cu dovleac

Randament: 10 porții

Ingrediente:

- 1 -30 oz. piure de plăcintă de dovleac
- 2 oua
- 1 cutie de lapte evaporat
- 1/2 cutie amestec galben pentru tort
- 1 cana nuci tocate
- 1/2 cană unt

Directii:

a) Preîncălziți cuptorul la 350 de grade Fahrenheit.

b) Folosind un mixer, combinați bine piureul de plăcintă de dovleac, ouăle și laptele.

c) Turnați ingredientele într-o tavă de 11x7 sau 8x8.

d) Se amestecă ușor deasupra 1/2 cutie de amestec uscat pentru prăjitură.

e) Deasupra cu nuca tocata si 1/2 cana unt topit.

f) Coaceți aproximativ 40 de minute.

g) Se lasa la racit pana este gata de servire.

h) Deasupra adauga frisca.

38. **Budinca de Chia**

Randament: 4 boluri de desert

Ingrediente
- 1 cutie de lapte de cocos organic și 1 cutie de apă, combinate
- 8 linguri de semințe de chia
- 1/2 lingurita extract organic de vanilie
- 2 linguri sirop de orez brun

Directii:

a) Amestecați laptele de cocos, apa, siropul de orez brun și semințele de chia într-un castron.

b) Amestecă totul timp de zece minute.

c) Dati la frigider 30 de minute inainte de servire.

d) Introduceți 1 linguriță de vanilie măcinată sau 1/2 linguriță de extract organic de vanilie în amestec.

e) Se pune în boluri pentru desert și se presară cu pudră de vanilie sau nucșoară proaspăt măcinată.

f) Lăsându-l să stea peste noapte îi conferă o textură solidă.

39.Dulciuri cu mere

Randament: 6 biscuiti

Ingrediente
- 1 cană de migdale, la înmuiat peste noapte
- 1 ½ cană mere crocante
- ½ cană semințe de in – măcinate
- 2 curmale mari, fără sâmburi și decuplate
- 1 lingura suc de lamaie
- 1 lingurita sare de mare gri
- ½ cană coajă de psyllium

Directii:
a) Amestecă migdalele, sarea, sucul de lămâie, curmalele și merele într-un robot de bucătărie. Adăugați semințele de in și coaja de psyllium.

b) Scoateți părți din aluat de mărimea unei mingi de golf, rulați-le în bile și aranjați-le pe o foaie de deshidratare cu 1 inch între ele.

c) Pat vârfurile rotunjite în jos.

d) Deshidratați peste noapte în deshidrator sau coaceți timp de 1 oră la setarea cea mai joasă, cu ușa ușor întredeschisă.

e) Îndepărtați fructele și gustările proteice și verificați fermitatea.

40.Mousse de dovlecei

Randament: 4 portii

Ingrediente

- 2 cesti de dovleac, curatati si taiati cuburi
- 1 cană apă
- 1 lingurita suc de lamaie
- 1 cană caju sau nuci de pin
- 4 curmale – fără sâmburi și tulpinile îndepărtate
- ½ lingurita de scortisoara
- 1 lingurita nucsoara
- 2 lingurite extract organic de vanilie

Directii:

a) Într-un blender, combinați toate ingredientele și amestecați timp de aproximativ 5 minute sau până când se combină bine.

b) Transferați în cupe individuale de servire sau într-un vas mare de servire.

c) Acesta poate fi lăsat la frigider peste noapte, iar aromele se vor amesteca, făcându-l și mai picant.

d) Stropiți cu sirop de arțar înainte de servire.

41. Plăcintă cu cartofi dulci din sud

Randament: 10 porții

Ingrediente:

- 2 cani de cartofi dulci decojiti, fierti
- ¼ cană unt topit
- 2 oua
- 1 cană zahăr
- 2 linguri de bourbon
- 1/4 lingurita sare
- 1/4 lingurita de scortisoara macinata
- 1/4 lingurita de ghimbir macinat
- 1 cană lapte

Directii:

a) Preîncălziți cuptorul la 350 de grade Fahrenheit.

b) Cu excepția laptelui, combinați complet toate ingredientele într-un mixer electric.

c) Adăugați laptele și continuați să amestecați după ce totul este complet combinat.

d) Turnați umplutura în coaja de plăcintă și coaceți timp de 35-45 de minute, sau până când un cuțit introdus lângă centru iese curat.

e) Scoateți din frigider și lăsați-l să se răcească la temperatura camerei înainte de servire.

42. Brownies de cartofi dulci şi cafea

Randament: 8

Ingrediente:

- 1/3 cană cafea fierbinte proaspăt preparată
- 1 uncie de ciocolată neîndulcită, tocată
- 1/4 cană ulei de canola
- 2/3 cană piure de cartofi dulci
- 2 lingurite extract pur de vanilie

Directii:

a) Preîncălziți cuptorul la 350 de grade Fahrenheit.

b) Într-un castron mic, combinați cafeaua și 1 uncie de ciocolată și lăsați deoparte timp de 1 minut.

c) Într-un castron mare, combinați uleiul, piureul de cartofi dulci, extractul de vanilie, zahărul, pudra de cacao și sarea. Se amestecă până când totul este bine omogenizat.

d) Combinați făina și praful de copt într-un castron separat. Adăugați fulgii de ciocolată și amestecați bine.

e) Folosind o spatulă, amestecați ușor ingredientele uscate în cele umede până când toate ingredientele sunt combinate.

f) Turnați aluatul în tava de copt și coaceți timp de 30-35 de minute, sau până când o scobitoare introdusă în centru iese curată.

g) Se lasa sa se raceasca complet.

43. Sufleu de porumb de Ziua Recunoștinței

Randament: 8-10 porții

Ingrediente:

- 1 ceapă medie
- 5 lbs. porumb dulce congelat
- 6 căni Monterey Jack, mărunțite
- 3 oua
- 1 lingurita sare

Directii:

a) Într-o tigaie, căliți ceapa în ulei de măsline. Pus deoparte.

b) Într-un robot de bucătărie, măcinați porumbul.

c) Combinați și amestecați celelalte ingrediente, inclusiv ceapa călită.

d) Puneți într-o tavă de copt de 8x14 care a fost unsă cu unt.

e) Coaceți la 375 °F timp de aproximativ 25 de minute sau până când blatul este maro auriu.

44. Înghețată de afine

Randament: 2 porții

Ingrediente:

Piure de afine

- 1/4 cană apă
- 1/4 linguriță Sare
- 12 oz. Merișoare proaspete, curățate și sortate
- 2 linguri suc de portocale proaspat stors

Înghețată

- $1\frac{1}{2}$ cani de smantana grea
- $1\frac{1}{2}$ cani de lapte integral
- 1 cană de zahăr
- $1\frac{1}{4}$ cani de piure de afine

Directii:

Piure de afine:

a) Se încălzește apa, sarea și merisoarele timp de 6-7 minute la foc mediu.

b) Se ia de pe foc si se lasa 10 minute sa se raceasca.

c) Intr-un blender sau robot de bucatarie, pasa merisoarele si sucul de portocale.

d) Pune piureul de afine timp de câteva ore.

Înghețată

e) Combinați smântâna, laptele, zahărul și piureul de afine într-un castron.

f) Într-o mașină de înghețată, amestecați ingredientele conform instrucțiunilor producătorului.

g) Transferați amestecul congelat și cremos într-un recipient de înghețată răcit.

h) Congelați minim 4-6 ore.

i) Dezghețați la frigider timp de 5-10 minute înainte de servire.

45. Nuci mici

Randament: 4 duzini

Ingrediente:

- 8 oz. crema de branza, moale
- 1 cană unt nesărat, înmuiat
- 2 căni de făină universală
- 2 ouă mari
- 1 1/2 cană zahăr brun la pachet
- 2 cani de nuci tocate

Directii:

a) Preîncălziți cuptorul la 350 de grade Fahrenheit.

b) Folosind un mixer electric, bate crema de branza si untul pana se omogenizeaza.

c) Cerneți făina și puțină sare, apoi amestecați până se formează aluatul. Se taie in patru aluaturi si se da la frigider pentru cel putin 1 ora, invelite in folii de plastic.

d) Rulați fiecare bucată de aluat în 12 bile și apăsați fiecare bilă în fundul și în sus marginile unei căni de mini-brioșe pentru a obține o coajă de patiserie. Se da la frigider pana este gata de utilizare.

e) Într-un castron mare, amestecați ouăle, zahărul brun și un praf de sare până se omogenizează, apoi adăugați nucile.

f) Puneti 1 lingura de umplutura in fiecare coaja de patiserie

g) Coaceți în reprize în mijlocul cuptorului timp de 25 până la 30 de minute sau până când umplutura clocotește și aluatul este auriu.

h) Transferați pe un grătar de răcire.

46.   Sufleu de morcovi de Ziua Recunoștinței

Randament: 8 portii

Ingrediente:

- 2 lbs. morcovi proaspeți, curățați și fierți
- 6 ouă
- 2/3 cană zahăr
- 6 linguri faina matzoh
- 2 lingurite de vanilie
- 2 betisoare de unt sau margarina, topite
- Strop de nucsoara
- 6 linguri de zahăr brun
- 4 linguri de unt sau margarina, topite
- 1 cana nuci tocate

Directii:

a) Puneți morcovii și ouăle într-un robot de bucătărie.

b) Procesați următoarele cinci ingrediente până la omogenizare.

c) Coaceți timp de 40 de minute într-o tavă unsă 9x13 la 350°F.

d) Adăugați toppingul și coaceți încă 5-10 minute.

47. Flan de dovleac

Randament: 6-8 portii

Ingrediente:

- ¾ cană zahăr
- ½ linguriță extract pur de arțar
- 2 lingurite coaja de portocala rasa (2 portocale)
- ½ linguriță de floare de sal
- 1½ linguriță de scorțișoară măcinată
- 1 (14oz.) cutie de lapte condensat îndulcit
- ½ linguriță de nucșoară măcinată
- 1 (12oz.) poate lapte evaporat
- 1 cană piure de dovleac
- ½ cană (4 oz) de mascarpone italian
- 4 ouă foarte mari
- 1 lingurita extract pur de vanilie

Directii:
a) Faceți caramelul: într-o cratiță mică, cu fundul greu, combinați zahărul, siropul de arțar și 1/3 cană de apă.

b) Gatiti la fierbere mic, amestecand ocazional, timp de 5-10 minute sau pana cand amestecul devine maro auriu si atinge 230°F.

c) Luați tigaia de pe foc, amestecați floarea de sal și turnați imediat într-o tavă mare rotundă de tort.

d) Într-un castron, combinați laptele condensat, laptele evaporat, piureul de dovleac și mascarpone; bate la viteza mica pana se omogenizeaza.

e) Bateți ouăle, vanilia, extractul de arțar, coaja de portocală, scorțișoara și nucșoara împreună într-un castron. Se toarnă amestecul de dovleac în tigaia cu caramelul încet pentru a nu se amesteca.

f) Așezați tava pentru prăjitură într-o tavă și turnați suficientă apă fierbinte în tava pentru a ajunge la jumătatea marginilor tavii.

g) Coaceți 70-75 de minute în centrul cuptorului, până când crema abia se întărește.

h) Scoateți flanul din baia de apă și răciți complet pe un grătar de răcire. Se da la frigider pentru cel putin 3 ore.

i) Treceți un mic cuțit pe marginea flanului.

j) Întoarceți tava de tort pe o farfurie plată de servire, cu o buză ușoară și întoarceți flanul pe farfurie. Caramelul trebuie să picure peste părțile laterale ale flanului.

k) Tăiați felii și serviți cu o lingură de caramel deasupra fiecărei felii.

48. Caserola de Porumb Country

Randament: 4 portii

Ingrediente

- 2 cani boabe de porumb
- 1 lingurita zahar
- 1 lingurita extract de vanilie
- 1 lingurita sare
- 1/4 lingurita piper negru
- 2 ouă, bătute
- 1 cană lapte
- 1 lingura de unt, topit
- 2 linguri firimituri de biscuiti

Directii:

a) Preîncălziți cuptorul la 350°F.

b) Într-un castron mare, combinați toate ingredientele.

c) Se toarnă într-o tavă neunsă de 1-1/2 litru.

d) Coaceți timp de 40-50 de minute sau până când se rumenesc.

49. Gustul de afine și nuci pecan

Randament: 3 cesti

Ingrediente

- 1 portocală fără semințe, tăiată în bucăți mari
- 1 măr, fără miez și tăiat în bucăți mari
- 2 cani de merisoare proaspete
- 1/2 cană zahăr
- 1/4 cană nuci pecan

Directii

a) Într-un robot de bucătărie, combinați toate ingredientele.

b) Procesați timp de 1 până la 2 minute, răzuind părțile laterale ale recipientului, după cum este necesar, sau până când este tocat fin și complet amestecat.

c) Se servește imediat sau se răcește până când este gata de servire într-un recipient ermetic.

50. Prajituri cu curcan si cartofi

Randament: 12 prăjituri

Ingrediente

- 2 cani de piure de cartofi
- 4 cesti de curcan fiert tocat marunt
- 1/4 cana ceapa tocata
- 1/4 cana ardei gras verde tocat
- 1/4 cană pesmet uscat
- 1 lingurita sare
- 3/4 lingurita piper negru
- 1/4 lingurita praf de usturoi
- 1/4 lingurita boia
- 1/4 cana patrunjel tocat
- 3 oua, putin batute
- 1/2 cană ulei vegetal

Directii:

a) Într-un castron mare, amestecați toate ingredientele, cu excepția uleiului.

b) Faceți clătite din amestec.

c) Încinge suficient ulei pentru a acoperi o tigaie mare la foc mediu-mare; gătiți clătite pe fiecare parte, adăugând mai mult ulei după cum este necesar, până se rumenesc, apoi scurgeți-le pe prosoape de hârtie.

d) Serviți imediat.

51. Apple Crunch Cobbler

Randament: 8 portii

Ingrediente

- 4 mere medii, decojite și tăiate felii
- 2 căni de cereale granola, împărțite
- 1/2 cană stafide aurii
- 1/4 cană miere
- 1/4 cană zahăr brun la pachet
- 2 linguri de unt, topit
- 1 lingurita extract de vanilie
- 1 lingurita scortisoara macinata
- 1/4 lingurita nucsoara macinata
- 1/8 lingurita cuisoare macinate
- 8 cani de inghetata de vanilie

Directii:

a) Într-un aragaz lent de 4 litri, încălziți ușor merele.

b) Într-un castron mediu, combinați cerealele granola și următoarele 8 ingrediente; se presara peste mere.

c) Gatiti la LOW timp de 6 ore, acoperit.

d) Serviți merele deasupra înghețatei de vanilie.

52. Gooey Amish Caramel Pie

Randament: 8 portii

Ingrediente

- 2 cani de zahar brun deschis
- 1 cană apă
- 1 lingura de unt
- 3/4 cană făină universală
- 3/4 cană lapte
- 3 galbenusuri de ou
- 1 lingurita extract de vanilie
- 1 (9 inchi) crustă de plăcintă coptă
- 1 cană jumătăți de nuci pecan

Directii:

a) Aduceți zahărul brun, apă și untul la fiert într-o cratiță medie la foc mediu-mare; se fierbe 3 până la 5 minute, amestecând regulat.

b) Într-un castron mediu, amestecați făina, laptele și gălbenușurile de ou.

c) Adăugați încet amestecul de făină în amestecul care fierbe timp de 3 până la 5 minute, amestecând frecvent.

d) Se ia de pe foc, se amestecă cu extractul de vanilie și se lasă deoparte la răcit timp de 5 minute.

e) Turnați umplutura într-o crustă de plăcintă gătită și acoperiți cu jumătăți de nuci pecan.

f) Lăsați deoparte 30 de minute să se răcească înainte de a da la frigider timp de 8 ore sau peste noapte.

53. Frunze de toamna

Randament: 12 frunze

Ingrediente
- 1 crustă de plăcintă la frigider
- 1 ou
- 2 linguri de apa

Directii:
a) Preîncălziți cuptorul la 350°F.

b) Tăiați formele de frunze din crusta de plăcintă cu un șablon, un cuțit ascuțit sau un tăietor de prăjituri.

c) Marcați linii pe decupaje „frunze" cu un cuțit, astfel încât să semene cu venele de pe frunzele autentice, dar nu tăiați până la capăt crusta.

d) Pentru a crea o curbă naturală în timpul coacerii, așezați decupaje pe o foaie de prăjituri sau întindeți peste folie de aluminiu îngrămădită.

e) Într-un castron mic, amestecați oul și apa până se omogenizează bine. Ungeți decupajele cu spălat de ouă.

f) Coaceți timp de 3 până la 5 minute, până devin aurii.

54. Recolta Compot de fructe

Randament: 8 portii

Ingrediente

- 5 mere, tăiate în bucăți de 1 inch
- 3 pere medii, tăiate în bucăți de 1 inch
- 3 portocale mari, curatate de coaja si taiate
- 1 pachet (12 uncii) de merisoare proaspete
- 1 1/2 cani suc de mere
- 1 1/2 cană de zahăr brun deschis la pachet

Directii:

a) Combinați toate ingredientele într-o oală de supă și aduceți la fierbere la foc mediu-mare.

b) Reduceți căldura la mediu și gătiți, amestecând periodic, timp de 10 până la 15 minute sau până când fructele sunt moi.

c) După ce fructele s-au răcit, puneți-l într-un recipient ermetic și păstrați-l acolo până când sunt gata de servire.

55. Plăcintă cu afine de Ziua Recunoștinței

Randament: 8 portii

Ingrediente

- 2 cruste de placinta
- 1 pachet gelatină; aromă de portocale
- $\frac{3}{4}$ cană apă clocotită
- $\frac{1}{2}$ cană suc de portocale
- 1 conserve (8 oz) de sos de afine jeleat
- 1 lingurita coaja rasa de portocala
- 1 cană Jumătate și Jumătate rece sau lapte
- 1 pachet Jell-O budincă instant, vanilie franțuzească sau aromă de vanilie
- 1 cană de topping Cool Whip
- Merișoare înghețate

Directii:

a) Preîncălziți cuptorul la 450°F

b) Aduceți gelatina la fiert și dizolvați-o. Se toarnă sucul de portocale. Pune vasul într-un vas mai mare cu gheață și apă. Se lasă să stea 5 minute, amestecând regulat, până când gelatina s-a îngroșat ușor.

c) Adăugați sosul de afine și coaja de portocală și amestecați pentru a se combina. Umpleți crusta de plăcintă cu umplutură. Răciți aproximativ 30 de minute sau până când se fixează.

d) Într-un castron mediu, turnați jumătate și jumătate. Adăugați amestecul de umplutură pentru plăcintă. Bateți până se amestecă complet.

e) Se lasă deoparte 2 minute, sau până când sosul s-a îngroșat oarecum. La sfârșit, îndoiți toppingul bătut.

f) Întindeți ușor amestecul de gelatină deasupra. Se da la rece timp de 2 ore sau pana se taie.

g) Dacă preferați, acoperiți cu mai mult topping bătut și afine înghețate.

56.   Merișoare spumante

Randament: 2 cesti

Ingrediente

- 1 cană sirop de arțar pur
- 2 cani de merisoare proaspete
- 1 cană zahăr
- Hârtie pergament

Directii:

a) Gătiți siropul de arțar timp de 1 până la 2 minute într-o cratiță la foc mediu-mic.

b) Luați focul și amestecați merișoarele.

c) Răciți timp de 8 până la 12 ore, acoperit.

d) Scurgeți merișoarele.

e) Aruncați 4 până la 5 merișoare în zahăr o dată, amestecând ușor pentru a acoperi.

f) Puneți merișoarele într-un singur strat pe o foaie de copt acoperită cu hârtie de copt și lăsați deoparte să se usuce complet.

57. Torte cu umplutură de lămâie

Cochilie de bezea

- 3 albusuri mari
- ¼ lingurita crema de tartru
- ¼ linguriță sare kosher
- 10 pachete de îndulcitor cu aspartam

Umplere

- 2¼ cani de apa
- Coaja rasă de 1 lămâie plus suc
- 30 de pachete de îndulcitor cu aspartam
- 1/3 cană plus 2 linguri amidon de porumb
- 2 ouă mari și 2 albușuri mari
- 2 linguri de unt nesarat

Directii:

a) Bate cele 3 albușuri spumă într-un castron mediu până devine spumos. Adăugați crema de tartru, sare și îndulcitor și bateți până la vârfuri tari. Tapetați o foaie de copt cu hârtie de copt și turnați bezeaua pe hârtie.

b) Amestecați apa, coaja și sucul de lămâie, sarea, îndulcitorul și amidonul de porumb într-o cratiță medie. Se aduce la fierbere la foc mediu-mare, amestecând continuu.

c) Bate două ouă și două albușuri într-un castron mic. Adăugați aproximativ jumătate din amestecul fierbinte de amidon de porumb și apoi amestecați acest amestec de ouă înapoi în amestecul de amidon de porumb rămas în tigaie. Gatiti si amestecati la foc mic timp de 1 minut.

d) Scoateți de pe căldură și amestecați în unt. Turnați amestecul în coaja de bezea gătită și răcită. Acoperiți cu căpșunile tăiate felii și serviți o dată.

58. Fondue de ciocolată amaretto

Ingrediente:

- 3 uncii de ciocolată de copt neîndulcită
- 1 cană smântână groasă
- 24 de pachete de îndulcitor aspartam
- 1 lingura zahar
- 1 lingurita amaretto
- 1 lingurita extract de vanilie
- Fructe de pădure la alegere, aproximativ ½ cană per porție

Directii:

a) Rupeți ciocolata în bucăți mici și puneți într-o măsură de sticlă de 2 căni cu smântână. Se încălzește la cuptorul cu microunde la putere mare (100 la sută putere), până când ciocolata se topește, aproximativ 2 minute (sau se încălzește într-un broiler dublu la foc mic, amestecând constant). Bateți până când amestecul devine strălucitor.

b) Adăugați îndulcitorul, zahărul, amaretto și vanilia, amestecând până când amestecul este omogen.

c) Transferați amestecul într-un vas pentru fondue sau într-un bol de servire. Serviți cu fructe de pădure pentru înmuiere.

59. Flanuri cu coulis de zmeură

Ingrediente:

- 1 cană lapte
- 1 cană jumătate și jumătate
- 2 ouă mari
- 2 galbenusuri mari
- 6 pachete de îndulcitor aspartam
- $\frac{1}{4}$ linguriță sare kosher
- 1 lingurita extract de vanilie
- 1 cană zmeură proaspătă

Directii:

a) Puneți o tavă de prăjire umplută cu 1 inch de apă pe un grătar în treimea inferioară a cuptorului.

b) Unge șase ramekine de $\frac{1}{2}$ inch. Încinge laptele și jumătate în cuptorul cu microunde la putere mare (100 la sută putere) timp de 2 minute sau pe plită într-o cratiță medie până se încălzește.

c) Între timp, bate ouăle și gălbenușurile într-un castron mediu până devine spumos. Bateți treptat amestecul de lapte fierbinte în ouă. Se amestecă îndulcitorul, sarea și vanilia. Turnați amestecul în ramekins pregătiți.

d) Puneți în cratițele umplute cu apă și coaceți până când cremele se întăresc, aproximativ 30 de minute.

e) Scoateți vasele din tigaie și răciți la temperatura camerei pe un grătar, apoi dați la frigider până se răcesc, aproximativ 2 ore.

f) Pentru a face coulis, pur și simplu pasați zmeura în piure în robotul de bucătărie. Adăugați îndulcitor după gust.

g) Pentru a servi, treceți o lingură pe marginea fiecărei creme și turnați-o pe o farfurie de desert. Stropiți coulis deasupra cremei și terminați cu câteva zmeură proaspătă și o crenguță de mentă, dacă folosiți.

60. Tort de ciocolata

Ingrediente:

- Cacao pentru praf tigaie
- 6 linguri de unt nesarat
- 4 uncii de ciocolată neîndulcită
- 1/3 cană jumătate și jumătate
- 1/3 cană conserve din toate fructele de zmeură
- 1 lingurita pudra espresso instant
- 1 lingura zahar
- 3 ouă mari, separate
- 1 lingurita extract de vanilie
- 22 de pachete de îndulcitor cu aspartam
- $\frac{1}{8}$ lingurita crema de tartru
- $\frac{1}{4}$ cană făină universală
- $\frac{1}{8}$ linguriță sare
- 1 cană smântână groasă
- $\frac{1}{2}$ cană zmeură pentru garnitură (opțional)

Directii:

a) Combinați untul, ciocolata, jumătate și jumătate, conservele de zmeură și pudra de espresso într-un vas sigur pentru cuptorul cu microunde. Se încălzește în cuptorul cu microunde la putere mare (100 la sută putere) până când ciocolata se topește, 2 până la 3 minute.

b) Se amestecă zahărul, gălbenușurile de ou și vanilia. Adăugați aspartamul, amestecând până la omogenizare.

c) Intr-un alt castron, batem albusurile spuma, apoi adaugam crema de tartru si batem pana la varfuri tari. Îndoiți amestecul de ciocolată în albușuri, apoi adăugați făina și sarea combinate, având grijă să nu amestecați prea mult. Se toarnă în tava pregătită. Coace.

61. Flan almendra

Ingrediente:

- 1¼ cani de lapte integral
- 4 ouă mari
- 3 pachete indulcitor aspartam, sau dupa gust
- 1 lingura zahar
- 1 lingurita extract de vanilie
- 1 lingurita extract de migdale (optional)
- ¼ cană de migdale tăiate
- ½ cană fructe de pădure la alegere pentru garnitură (opțional)

Directii:

a) Puneți o tavă de prăjire umplută cu 1 inch de apă în cuptor și preîncălziți la 325 ° F. Ungeți cu unt 4 ramekine sau cești de sticlă pentru cremă.

b) Încălziți laptele într-un vas de 1 litru, sigur pentru cuptorul cu microunde, timp de 2 minute la putere maximă (100% putere). Alternativ, încălziți pe plită într-o cratiță medie până la fierbere.

c) Între timp, într-un alt bol, amestecați ouăle, îndulcitorul, zahărul, vanilia și extractul de migdale, dacă folosiți. Turnați laptele fierbinte în amestecul de ouă și amestecați pentru a omogeniza.

d) Prăjiți migdalele încălzindu-le într-o tigaie uscată mică până când încep să se rumenească, aproximativ 1 minut. Împărțiți migdalele în cele 4 rame, apoi umpleți cu cremă. Acoperiți cu folie de aluminiu. Puneți ramekinele în baia de apă. Coaceți până se întăresc cremele, aproximativ 20 de minute. Pentru a testa, introduceți un cuțit în mijloc; ar trebui să iasă curat.

e) Se serveste la temperatura camerei sau racit. Pentru a servi, treceți cu un cuțit pe marginea ramekinului, apoi turnați flanul pe o farfurie de desert. Dacă doriți, adăugați $\frac{1}{2}$ cană de fructe de pădure la alegere.

62. Căpșuni condimentate

Ingrediente:
- 2 cesti de capsuni jumatate
- 1 lingura zahar
- 2 lingurite otet de sherry
- ¼ lingurita piper negru macinat fin

Directii:
a) Arunca fructele de padure cu zaharul, otetul si piperul intr-un castron mediu. Acoperiți și lăsați la rece cel puțin 15 minute.

b) Serviți în feluri de mâncare de desert cu picioare.

63. prost de mure

Ingrediente:

- 1 cană de crème fraîche sau 1 lingură de smântână plus 1 cană de smântână groasă
- 1 cană mure
- 1 lingura zahar
- 1 pachet îndulcitor aspartam, sau după gust
- $\frac{1}{8}$ linguriță de crème de cassis

Directii:

a) Pune deoparte 6 mure superbe. Combinați fructele de pădure rămase cu zahăr, îndulcitor, crème de cassis și crème fraîche. Amestecați ușor, apoi puneți cu lingura în vase de desert cu picioare.

b) Se acopera si se da la rece pana la momentul servirii. Se ornează cu fructele de pădure rezervate.

64.　　Zabaglione

Ingrediente:

- 6 galbenusuri mari
- 2 pachete de îndulcitor aspartam
- ¼ cană Marsala
- 1 lingura coaja rasa de portocala
- 3 linguri Grand Marnier
- 1 cană smântână groasă, bătută până la vârfuri moi

Directii:

a) Bateți gălbenușurile de ou și îndulcitorul în partea superioară a unui cazan dublu, puse peste apă clocotită, până când este galben pal și gros, 3 până la 5 minute.

b) Adăugați marsala și coaja de portocală și continuați să gătiți, amestecând energic, până când amestecul se îngroașă suficient pentru a acoperi spatele unei linguri.

c) Luați de pe foc și adăugați Grand Marnier.

d) Împărțiți între patru feluri de desert. Serviți cald sau rece. Acoperiți fiecare porție cu ¼ de cană de frișcă. Ca alternativă, răciți zabaglione și adăugați frișca, apoi împărțiți-le printre felurile de desert.

65. Zmeura si crema

Ingrediente:

- ½ cană smântână groasă
- ¼ lingurita extract de vanilie
- 1 lingura zahar
- ½ pachet de îndulcitor aspartam
- 1 galanta de zmeura proaspata

Directii:

a) Bateți smântâna cu vanilia, zahărul și aspartamul până formează vârfuri moi. Se zdrobesc jumatate din zmeura cu o lingura si se inglobeaza in crema.

b) Împărțiți fructele de pădure rămase în patru boluri de desert și acoperiți cu crema de zmeură. Se acopera si se da la frigider pana la momentul servirii.

66. Biluțe de fructe în bourbon

Ingrediente:

- ½ cană bile de pepene galben
- ½ cană căpșuni tăiate în jumătate
- 1 lingura de bourbon
- 1 lingura zahar
- ½ pachet de îndulcitor aspartam sau după gust
- Crengute de menta proaspata pentru decor

Directii:

a) Combinați biluțele de pepene galben și căpșunile într-un vas de sticlă.

b) Se amestecă cu bourbon, zahăr și aspartam.

c) Se acopera si se da la frigider pana la momentul servirii. Turnați fructele în vasele de desert și decorați cu frunze de mentă.

67. Mango în stil indian

Ingrediente:
- 1 mango mare copt
- ½ lime
- ½ linguriță pudră de curry

Directii:

a) Tăiați mango în jumătate pe lungime în jurul ecuatorului.

b) Răsuciți între mâini pentru a elibera groapa, pe care o veți arunca.

c) Înscrieți carnea fiecărei jumătăți, făcând un model fin încrucișat fără a tăia pielea.

d) Întoarceți fiecare mango jumătate pe dos și serviți pe o farfurie de desert stropită cu suc de lămâie și pudră de curry.

68. Cheesecake italian

Ingrediente:

- 2 căni de brânză ricotta parțial degresată
- 3 ouă mari
- 2 linguri amidon de porumb
- 2 pachete de îndulcitor aspartam
- $1\frac{1}{2}$ linguriță extract de lămâie
- 1 cană zmeură proaspătă
- $\frac{1}{4}$ de cană de conserve de coacăze roșii din toate fructele

Directii:

a) Preîncălziți cuptorul la 325°F. Ungeți cu unt o farfurie de plăcintă de 9 inci. Într-un castron mare, bate ricotta și ouăle împreună până la omogenizare.

b) Incorporați amidonul de porumb, îndulcitorul și extractul de lămâie. Turnați în farfuria de plăcintă pregătită. Coaceți pe raftul din mijloc al cuptorului timp de 1 oră, sau până când un cuțit introdus în centru iese curat.

c) Se răcește pe un grătar, apoi se răcește. Acoperiți cu zmeură proaspătă. Topiți conservele într-un cuptor cu microunde la putere mare (100 la sută putere) timp de 30 de secunde, apoi turnați peste fructe de pădure.

d) Dati la frigider pana in momentul servirii.

69. Puf de lamaie

Ingrediente:

- 2 ouă mari, separate
- 2 cani de lapte
- 1 plic gelatina fara aroma
- 1 pachet îndulcitor aspartam
- 1 lingura zahar
- 2 lingurite extract de lamaie
- 1 lingurita coaja rasa de lamaie

Directii:

a) Într-o cratiță medie, bate gălbenușurile de ou până la grosime și lămâie. Se amestecă laptele și gelatina și se lasă deoparte 5 minute să se înmoaie.

b) Adaugati indulcitorul si zaharul si gatiti la foc mic, amestecand continuu, timp de 5 minute. Se ia de pe foc si se adauga extractul de lamaie si coaja.

c) Se toarnă într-un castron mare, puțin adânc și se răcește într-un castron mare umplut cu apă cu gheață.

d) Între timp, într-un castron mediu, bate albușurile spumă până se formează vârfuri moi. Îndoiți în amestecul de lămâie.

e) Turnați în șase feluri de desert și lăsați-l la rece până se fixează.

70. Bezele cu migdale și nucă de cocos

Ingrediente:

- 3 albusuri mari
- ¼ linguriță sare kosher
- 3 pachete de îndulcitor aspartam
- 1 lingurita extract de migdale
- ⅛ ceasca de migdale tocate marunt
- ½ cană nucă de cocos măruntită neîndulcită

Directii:

a) Preîncălziți cuptorul la 250°F. Într-un castron foarte curat, combinați albușurile, sarea și îndulcitorul.

b) Bateți cu un mixer electric sau bateți până când albușurile formează vârfuri tari. Adăugați extractul de migdale, migdalele și nuca de cocos.

c) Puneți lingura grămadă pe o foaie de copt tapetată cu hârtie de copt.

d) Coaceți 30 de minute, apoi opriți cuptorul și lăsați bezeaua să se răcească în cuptor, fără a deschide ușa, cel puțin 1 oră. Păstrați într-o cutie.

71. Biscuiți cu Chip de ciocolată

Porții: 12 fursecuri

Ingrediente:

- ½ cană de unt
- ⅓ cană cremă de brânză
- 1 ou batut
- 1 lingurita extract de vanilie
- ⅓ cană eritritol
- ½ cană făină de cocos
- ⅓ cană ciocolată fără zahăr

Directii:

a) Preîncălziți friteuza cu aer la 350°F. Tapetați coșul pentru friteuza cu aer cu hârtie de copt și puneți fursecurile înăuntru

b) Intr-un castron amestecati untul si crema de branza. Adăugați eritritol și extract de vanilie și amestecați până devine pufos. Se adauga oul si se bate pana se incorporeaza. Amestecați făina de cocos și fulgii de ciocolată. Lasam aluatul sa se odihneasca 10 minute.

c) Scoateți aproximativ 1 lingură de aluat și formați prăjiturile.

d) Puneți fursecurile în coșul de friteuză și gătiți timp de 6 minute.

72. Brownies cu friteură cu aer

randament: 2 PORTII

Ingrediente:

- 1/3 cană făină de migdale
- 3 linguri de îndulcitor pudră
- 1/2 linguriță Praf de copt
- 2 linguri pudra de cacao neindulcita
- 1 ou
- 4 linguri de unt, topit
- 2 linguri Chips de ciocolată
- 2 linguri Nuci pecan, tocate

Directii:

a) Preîncălziți friteuza cu aer la 350 de grade.

b) Într-un castron, amestecați făina de migdale, praful de copt, pudra de cacao și îndulcitorul pudră.

c) Adăugați oul și untul topit la ingredientele uscate și bateți la putere până se omogenizează.

d) Se amestecă nucile pecan și fulgii de ciocolată.

e) Separați aluatul în două forme separate, bine unse.

f) Gătiți prăjiturile timp de 10 minute cât de departe puteți de sursa de căldură din partea de sus a friteuzei.

g) Lăsați brownies-urile să se odihnească timp de 5 minute înainte de a le servi cu toppingurile preferate.

73. Cheesecake cu fructe de padure

Randament: 8

Ingrediente:

- 2 (8 oz.) blocuri de cremă de brânză, înmuiate
- 1 cană + 2 linguri de îndulcitor de cofetari
- 2 oua
- 1 lingurita extract de zmeura
- 1 cană fructe de pădure

Directii:

a) Într-un castron mare, bateți crema de brânză și îndulcitorul Swerve până devine frumos și cremos.

b) Adăugați ouăle și extractul de zmeură. Amesteca bine.

c) Într-un blender sau robot de bucătărie, zdrobiți fructele de pădure și apoi amestecați în amestecul de cheesecake împreună cu cele 2 linguri suplimentare de Swerve.

d) Ungeți o tavă în formă de arc și apoi adăugați amestecul cu lingura.

e) Puneți tigaia în coșul friteuzei și gătiți la 300 ° F timp de 10 minute. Apoi reduceți temperatura la 250 ° F timp de 40 de minute. Știi că s-a terminat atunci când scuturi ușor tigaia și totul pare aranjat, dar mijlocul tresări puțin.

f) Scoateți-l și lăsați-l să se răcească puțin înainte de a da la frigider. Păstrați-l la frigider timp de 24 de ore. Cu cât este mai lung, cu atât este mai bine să-l lași să se instaleze complet.

74.   Gogoși în friteuza cu aer

Porții: 6

Ingrediente:

- 1 ¼ cană făină de migdale 125 grame
- ⅓ cană eritritol granulat 60 grame
- 1 lingurita praf de copt
- ¼ lingurita de guma xantan
- ⅛ linguriță sare
- 2 oua la temperatura camerei
- 2 linguri ulei de cocos topit
- 2 linguri lapte de migdale neindulcit
- ½ linguriță extract de vanilie
- ¼ lingurita stevia lichida
- Acoperire cu zahăr de scorțișoară
- 4 linguri eritritol granulat
- 1 ½ linguriță scorțișoară

Directii:
a) Într-un castron mare, amestecați făina de migdale, eritritol, praful de copt, guma xantan și sarea.

b) Într-un castron mediu, bate ușor ouăle la temperatura camerei. Se amestecă uleiul de cocos topit, laptele de migdale, vanilia și stevia lichidă. Turnați amestecul în bol cu ingrediente uscate și amestecați pentru a se combina.

c) Preîncălziți friteuza cu aer la 330°F timp de 3 minute. Pulverizați tigăile de gogoși sau forme cu ulei de avocado.

d) Pune aluatul în șase cavități de gogoși de 3 inchi, umplându-le aproximativ 3/4. Atingeți tava pe blat pentru a stabili aluatul și pentru a reduce bulele de aer.

e) Coaceți gogoși în friteuza cu aer la 330°F timp de 8 minute. Verificați cu o scobitoare dacă este gata. (Cu multe friteuze cu aer, poate fi necesar să coaceți mai întâi un set de 4 gogoși, apoi restul de 2.)

f) Scoateți gogoșile din friteuza și lăsați-le să se răcească în tavă timp de 5 minute. Între timp, amestecați eritritolul și scorțișoara într-un castron (și coaceți gogoșile rămase, dacă este necesar).

g) După timpul de răcire, scoateți cu grijă gogoșile din tigaie și ungeți ambele părți ale fiecărei gogoși cu amestec de zahăr de scorțișoară.

h) Puneți gogoșile acoperite în friteuza cu partea mai plată în jos. Coaceți la 350°F timp de 2 minute, ungeți imediat cu zahăr de scorțișoară pentru ultima oară. Bucurați-vă!

75. Tort cu crema de vanilie cu capsuni

Porți 6

Ingrediente:

- 1 cană (100 g) făină de migdale
- ½ cană (75 g) Natvia
- 1 lingurita (5g) praf de copt
- 2 linguri (40 g) ulei de cocos
- 2 ouă mari (51 g fiecare)
- 1 linguriță (5 g) extract de vanilie
- 300 ml smântână rece
- 200 g căpșuni proaspete coapte

Directii:
a) Preîncălziți friteuza cu aer la 180°C, timp de 3 minute.

b) Într-un castron mare, amestecați făina de migdale, Natvia și praful de copt cu un praf de sare de mare.

c) Adăugați uleiul de cocos, ouăle și vanilia și amestecați pentru a se combina.

d) Ungeți ușor o formă de tort de 16 cm cu ulei de cocos suplimentar.

e) Folosind o spatulă, răzuiți amestecul în forma de tort.

f) Introduceți coșul pentru friteuza cu aer și acoperiți cu o folie.

g) Gatiti la 160°C, timp de 20 de minute.

h) Scoateți folia și gătiți încă 10 minute sau până când o frigărui introdusă se scoate curat.

i) Când se răcește, bate smântâna rece cu un bătător electric timp de 5 minute sau până se formează vârfuri tari.

j) Întindeți peste tort și aranjați deasupra căpșunile feliate.

k) Începând din exterior, folosiți feliile mai mari (partea ascuțită în afară) mergând treptat.

l) Suprapuneți fiecare strat pentru a crea înălțime.

76. Berry Cobbler

Porti 4

Ingrediente:

- 2 cesti (250g) afine congelate, decongelate
- ½ cană (120 g) unt moale
- ¼ cană (38 g) Natvia
- 2 oua (51 g fiecare)
- ½ cană (50 g) făină de migdale
- 1 linguriță (5 g) extract de vanilie

Directii:
a) Preîncălziți friteuza cu aer la 180°C, timp de 3 minute.

b) Pune afinele dezghețate în baza unui vas de ceramică de 8 x 8 cm sau a unei forme de pâine.

c) Într-un castron, amestecați ingredientele rămase cu un praf de sare de mare și puneți peste afine.

d) Tăiați ușor pentru a amesteca ușor fructele de pădure și amestecul de migdale.

e) Pune vasul în friteuza cu aer.

f) Acoperiți cu folie.

g) Se coace la 180°C, timp de 10 minute. Scoateți folia și coaceți încă 5 minute sau până se rumenesc bine.

77.   Tort Bundt de ciocolată

Porți 6

Ingrediente:

- 1 ½ cană (150 g) făină de migdale
- ½ cană (75 g) Natvia
- ⅓ cană (30 g) pudră de cacao neîndulcită
- 1 lingurita (5g) praf de copt
- ⅓ cană (85 g) lapte de migdale neîndulcit
- 2 ouă mari (51 g fiecare)
- 1 linguriță (5 g) extract de vanilie

Directii:
a) Preîncălziți friteuza cu aer la 180°C, timp de 3 minute.

b) Într-un castron mare, amestecați toate ingredientele până se combină bine.

c) Pulverizați o mini cutie Bundt cu ulei. NB: Formele de prăjitură Bundt sunt disponibile într-o varietate de dimensiuni, dimensiunea de care aveți nevoie va depinde de dimensiunea friteuzei dvs. cu aer. Un spray ușor cu ulei sau o perie cu unt topit va preveni lipirea.

d) Scoateți aluatul în tavă.

e) Puneți în coșul de friteuză cu aer și gătiți la 160°C, timp de 10 minute.

f) Se răcește timp de 5 minute înainte de a se scoate.

78. Uriaș PB Cookie

Porti 4

Ingrediente:

- ⅓cană (33 g) făină de migdale
- 2 linguri (24g) Natvia
- 1 ou mare (51 g)
- 3 linguri (75 g) unt de arahide crocant
- 1 linguriță (3 g) scorțișoară

Directii:

a) Preîncălziți friteuza cu aer la 180°C, timp de 3 minute.

b) Pune toate ingredientele într-un castron cu un praf de sare de mare și amestecă pentru a se combina.

c) Turnați amestecul pe o rotundă de hârtie de copt și împingeți ușor pentru a se întinde, păstrând grosimea amestecului cât mai uniformă.

d) Gatiti la 180 °C, timp de 8 minute.

79. Desert Covrigi

Face 4

Ingrediente:

- 1 cană (100 g) făină de migdale
- ½ linguriță (2,3 g) praf de copt
- ¼ cană (75 g) de mozzarella mărunțită
- 1 linguriță (20 g) cremă de brânză
- 1 ou mare (51 g)

Directii:
a) Preîncălziți friteuza cu aer la 180°C, timp de 3 minute.

b) Amestecați făina de migdale și praful de copt. Se condimentează cu un praf de sare.

c) Topiți mozzarella și crema de brânză într-un castron la cuptorul cu microunde timp de 30 de secunde.

d) Se răcește, apoi se adaugă oul. Se amestecă pentru a combina.

e) Adăugați făina de migdale și frământați într-un aluat.

f) Împărțiți în 4 porții egale, rulați în cârnați, de 8 cm lungime.

g) Ciupiți capetele împreună pentru a face o formă de gogoașă.

h) Se aseaza pe hartie de copt.

i) Se coace la 160°C, timp de 10 minute.

80. Budinca de paine

Porții: 2

Ingrediente
- Spray antiaderent, pentru ungerea ramekinelor
- 2 felii de paine alba, maruntita
- 4 linguri de zahar alb
- 5 ouă mari
- ½ cană smântână
- Sare, praf
- 1/3 lingurita de scortisoara pudra

Directii
a) Luați un castron și bateți ouăle în el.
b) Adăugați zahăr și sare în ou și amestecați totul bine.
c) Apoi adăugați smântână și folosiți un bătător de mână pentru a încorpora toate ingredientele.
d) Acum adăugați scorțișoară și adăugați pesmet de pâine.
e) Se amestecă bine și se adaugă într-o tavă rotundă de copt.
f) Pune-l în friteuza cu aer.
g) Setați-l în modul AIRFRY la 350 de grade F timp de 8-12 minute.
h) Odată gătită, se servește.

81. Mini plăcinte cu căpșuni și cremă

Porții: 2

Ingrediente
- 1 cutie de aluat pentru plăcintă cumpărat din magazin, Trader Joe's
- 1 cană căpșuni, tăiate cubulețe
- 3 linguri de smantana, grea
- 2 linguri de migdale
- 1 albus de ou, pentru periaj

Directii:
a) Luați aluatul de plăcintă din magazin și aplatizați-l pe o suprafață.
b) Folosiți un tăietor rotund pentru a-l tăia în cercuri de 3 inci.
c) Ungeți aluatul cu albuș de ou peste tot în jurul parametrilor.
d) Acum adăugați migdale, căpșuni și smântână într-o cantitate foarte mică în centrul aluatului și acoperiți-l cu o altă circulară.
e) Apăsați marginile cu furculița pentru a o etanșa.
f) Faceți o fantă în mijlocul aluatului și puneți-l în coș.
g) Setați-l în modul AIR FRY la 360 de grade timp de 10 minute.
h) Odată gata, se servește.

**82.	Ananas brazilian la grătar**

Porții: 4

Ingrediente
- 1 ananas, curatat de coaja, fara miez si taiat in sulitele
- 1/2 cană (110 g) zahăr brun
- 2 lingurițe (2 lingurițe) scorțișoară măcinată
- 3 linguri (3 linguri) unt topit

Directii:
a) Într-un castron mic, amestecați zahărul brun și scorțișoara.

b) Ungeți sulițele de ananas cu untul topit. Presărați zahăr cu scorțișoară peste sulițe, apăsând ușor pentru a vă asigura că aderă bine.

c) Puneți sulițele într-un singur strat în coșul de friteuză. În funcție de dimensiunea friteuzei cu aer, poate fi necesar să faceți acest lucru în loturi.

d) Setați friteuza la 400°F timp de 10 minute pentru primul lot (6-8 minute pentru următorul lot, deoarece friteuza dvs. va fi preîncălzită). La jumătate, ungeți cu unt rămas.

e) Ananasele sunt gata când sunt încălzite și zahărul clocotește.

83. Banane cu crustă de nucă de cocos și scorțișoară

Ingrediente
- 4 banane coapte, dar ferme
- ½ cană de făină de tapioca
- 2 ouă mari
- 1 cană de fulgi de cocos mărunțiți
- 1 linguriță grămadă de scorțișoară măcinată
- Spray de nucă de cocos

Directii:
a) Tăiați fiecare banană în treimi

b) Faceți o linie de asamblare:

c) Turnați făina de tapioca într-un vas puțin adânc.

d) Spargeți ouăle într-un alt castron puțin adânc și bateți ușor.

e) Combinați nuca de cocos mărunțită și scorțișoara măcinată în al treilea vas de mică adâncime. Amesteca bine.

f) Trageți bananele în făină de tapioca și scuturați excesul.

g) Înmuiați bananele în ouăle bătute. Asigurați-vă că este complet acoperit cu spălarea ouălor.

h) Rulați bananele în fulgi de scorțișoară-nucă de cocos pentru a le acoperi complet. Apăsați-l ferm pentru a vă asigura că fulgii de nucă de cocos aderă la banane. Păstrați-le într-o tavă plată.

i) Pulverizați generos coșul Air Fryer cu ulei de cocos.

j) Aranjați bucățile de banane cu crustă de cocos în coșul de friteuză. Pulverizați cu mai mult spray de nucă de cocos.

k) Prăjiți la aer la 270F timp de 12 minute.

l) Pudrați cu scorțișoară măcinată și serviți cald sau la temperatura camerei cu o lingură de înghețată.

84. Plăcintă ușoară cu nucă de cocos fără gluten

Randament: 6-8

Ingrediente
- 2 oua
- 1 1/2 cani de lapte
- 1/4 cană unt
- 1 1/2 linguriță extract de vanilie
- 1 cană nucă de cocos măruntită
- 1/2 cană de fructe de călugăr
- 1/2 cană făină de cocos

Directii:
a) Ungeți o farfurie de plăcintă de 6 inchi cu spray antiaderent și umpleți-o cu aluat. Continuați să urmați aceleași instrucțiuni ca mai sus.

b) Gătiți în friteuza cu aer la 350 de grade timp de 10 până la 12 minute.

c) Verificați plăcinta la jumătatea timpului de gătire pentru a vă asigura că nu arde, întoarceți farfuria, folosiți o scobitoare pentru a verifica dacă este gata.

85. Budincă de nuci de pecan

Ingrediente:

- 1 lingura de unt sau margarina
- 1 albuș mare de ou bătut
- 1/3 cană sirop de porumb negru
- 1/4 lingurita de vanilie
- 2 linguri Făină nealbită
- 1/8 linguriță de praf de copt
- 1/4 cană nuci pecan tocate
- Zahăr pudră

Directii:

a) Într-o ceașcă de cremă de 15 uncii, puneți la microunde untul sau margarina, descoperite, la 100% putere, timp de 30 până la 40 de secunde sau până când se topesc.
b) Învârtiți untul în paharul pentru cremă, acoperind părțile laterale și fundul.
c) Se toarnă excesul de unt din paharul cu cremă în oul bătut.
d) Se amestecă siropul de porumb închis și vanilia.
e) Se amestecă făina și praful de copt.
f) Se amestecă amestecul de făină în amestecul de ouă. Încorporați ușor nucile pecan tocate.
g) Turnați amestecul de nuci pecan în ceașca de cremă cu unt de 15 uncii. Se pune la cuptorul cu microunde, neacoperit, la 50% putere timp de 3 până la 4 minute sau până când amestecul de nuci pecan este abia întărit, rotind cupa cu cremă o jumătate de tură în fiecare minut.
h) Cerneți puțin zahăr pudră deasupra. Se serveste cald cu crema usoara, daca se doreste.

86.   Mousse de lichior de cafea

Ingrediente:
- 4 ouă, separate
- 1/4 c lichior de cafea
- 1/4 c sirop de arțar
- 1/8 c coniac
- 1 c apa
- 1 c smântână pentru frișcă

Directii:

a) Într-un blender sau cu un bătător electric, amestecați gălbenușurile de ou, siropul de arțar și apa. Transferați într-o cratiță și aduceți la fierbere. Luați de pe foc și adăugați lichior de cafea și coniac. Chill.

b) Bateți smântâna și albușurile până se formează vârfuri moi.

c) Se amestecă cu grijă în amestecul de lichior răcit.

d) Se pune in pahare demitasse si se da la rece 2 ore.

87. Desert Melba cu piersici

Ingrediente:
- 2 c piersici; feliate, decojite
- 2 c Zmeura
- 3/4 c zahăr
- 2 linguri de apă
- Inghetata; vanilie

Directii:

a) Într-o cratiță, aduceți la fiert piersici, zmeură, zahăr și apă.
b) Reduceți focul și fierbeți 5 minute.
c) Răciți, dacă doriți.
d) Serviți peste înghețată.

88. Iaurt congelat cu nuci de scorţişoară

Ingrediente:
- 4 c iaurt de vanilie
- 1 c zahăr
- 1/2 linguriță scorțișoară
- Sare
- 1 c Frisca pentru frisca
- 1 lingurita de vanilie
- 1 c bucăți de nucă

Directii:

a) Combinați bine iaurtul, zahărul, scorțișoara și sarea într-un bol de mixare. Se amestecă smântâna pentru frișcă și vanilia. Adăugați nuci.
b) Acoperiți și lăsați la frigider 30 de minute.
c) Congelați conform instrucțiunilor producătorului.

89. Fudge de cinci minute

Ingrediente:
- 2/3 cană lapte evaporat
- 1-2/3 cană zahăr
- 1/2 lingurita Sare
- 1-1/2 cană Marshmallows (Miniaturi funcționează cel mai bine)
- 1-1/2 cană Chips de ciocolată (semidulci)
- 1 lingurita de vanilie

Directii:

a) Combinați laptele, zahărul și sarea într-o cratiță la foc mediu.

b) Aduceți la fierbere și gătiți 4-5 minute, amestecând constant (începeți cronometrarea când amestecul începe să „bulboleze" în jurul colțurilor cratiței). Se ia de pe foc. Adăugați marshmallows, chipsuri de ciocolată și vanilie. Amestecați energic timp de 1 minut (sau până când Marshmallows sunt complet topite și amestecate). Se toarnă într-o tigaie pătrată de 8 inchi unsă cu unt. Se răcește până când nu cade sau nu se zgâlțâie în tigaie.

c) Îți plac nucile? Adăugați 1/2 cană nuci tăiate înainte de a le turna în tigaie.

90. Crusta de migdale-ovăz

Ingrediente:

- 1 c. migdale măcinate
- 1 c. făină de ovăz
- 1/2 lingurita sare
- 1/4 c. apă sau suc

Directii:

a) Măcinați migdalele și ovăzul în blender până se măsoară, sau măcinați ovăzul și migdalele în robotul de bucătărie, adăugând sare și apă în timp ce procesorul este în mișcare. Adăugați sare, amestecând bine. Adaugă apă. Amesteca bine. APĂSAȚI în tava de plăcintă sau întindeți cu sucitorul între două bucăți de hârtie ceară.

b) Se coace la 350° timp de 15 minute. RENDAMENT: 1 crustă de plăcintă.

91.   Desert fantezie cu mere

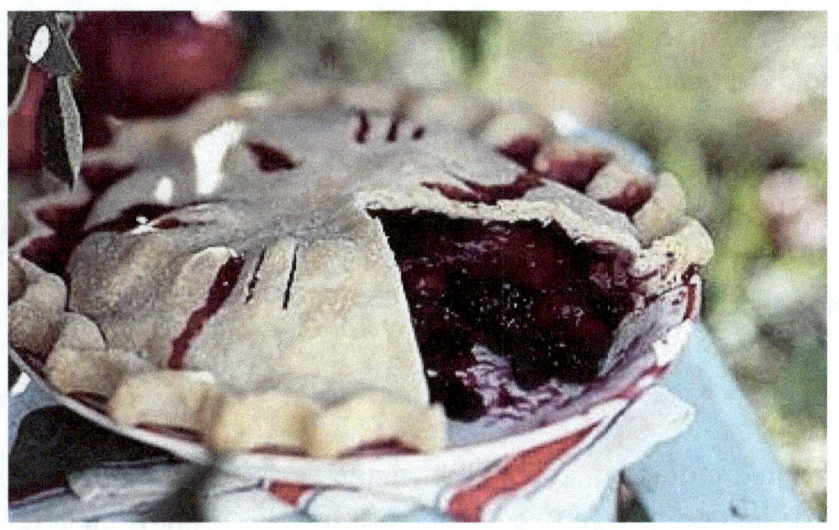

Ingrediente:

- 2/3 c. făină
- 3 lingurite praf de copt
- 1/2 lingurita sare
- 2 oua
- 1 c. zahar granulat
- 1/2 c. zahar brun
- 3 lingurite de vanilie sau rom sau bourbon
- 3 c. mere tăiate cubulețe

Directii:

a) Batem ouale, adaugam zaharul si vanilia si batem bine. Adăugați ingredientele uscate și amestecați. Turnați merele și amestecați până se distribuie uniform. Puneți într-un vas adânc de copt sau într-un vas de sufleu.
b) Coaceți 45 de minute la 350. Se servește cald.

92. Inghetata de avocado

Ingrediente:

- avocado
- suc de lămâie
- 1 cutie (14 oz. / 400 ml) lapte de cocos plin de grăsime
- 1 cană / 100 g de îndulcitor lichid preferat, cum ar fi sirop de arțar sau sirop de agave

Directii:

a) Puneți cutia de lapte de cocos la frigider peste noapte.
b) Tăiați avocado în jumătate, îndepărtați sâmburele și îndepărtați pulpa de avocado cu lingura.
c) Puneți pulpa de avocado într-un robot de bucătărie împreună cu sucul de lămâie și amestecați până devine o cremă de avocado perfect netedă.
d) Deschideți cutia cu lapte de cocos cu susul în jos (astfel încât crema tare să fie deasupra).
e) Scoateți crema de nucă de cocos până când atingeți apa de cocos
f) Bateți crema de nucă de cocos într-un castron până devine o frișcă de nucă de cocos frumoasă și moale. Adaugam crema de avocado si siropul de orez si amestecam pana se incorporeaza.
g) Puneți înghețata într-un vas sigur pentru congelator.
h) Pune-l la congelator pentru cel puțin 4 ore.
i) Dacă este prea greu de îndepărtat după 4 ore, lăsați-l să stea la temperatura camerei timp de un minut sau două. Bucurați-vă!

93. Plăcintă cu cremă de banane

Ingrediente:

- 3 c. LAPTE DE SOIA (58)
- 1/2 c. Miere
- 1/2 c. caju crude
- 1/4 lingurita sare
- 1/3 c. amidon de porumb
- 2 lingurite de vanilie
- 1/3 c. curmale fără sâmburi
- 2-3 banane feliate

Directii:

a) LICHEFATI toate ingredientele cu exceptia bananelor. Se toarnă într-o cratiță și se fierbe la foc mediu până se îngroașă, amestecând continuu. TORNĂ un strat subțire din amestecul de „cremă" într-o coajă de plăcintă coptă sau într-un strat de granola, apoi ADĂUGAȚI un strat de banane tăiate felii.

b) Repetați, apoi adăugați crema rămasă și decorați cu migdale feliate. RĂCEȚI peste noapte și SERVEȚI rece.

94. Berry Fool

Ingrediente

- 1 pachet (12 uncii) de zmeură sau căpșuni congelate (nu în sirop), decongelate
- 1/4 cană plus 1 lingură zahăr, împărțit
- 1 cana smantana grea pentru frisca

Directii

a) Într-un blender sau robot de bucătărie, combinați zmeura sau căpșunile cu 1/4 cană de zahăr. Procesați până când fructele de pădure sunt făcute piure, răzuind părțile laterale când este necesar.

b) Într-un castron mare, bateți smântâna groasă cu mixerul până se formează vârfuri moi. Adăugați 1 lingură de zahăr rămasă și continuați să bateți până când se formează vârfuri tari.

c) Folosind o spatulă de cauciuc, adăugați ușor piureul de zmeură, lăsând niște dungi de frișcă albă. Turnați în patru pahare individuale de parfait. Se da la frigider 2 ore apoi se serveste.

95. Tiramisu cu fructe de padure

Ingrediente

- 1 1/2 cesti cafea preparata
- 2 linguri Sambuca
- 1 lingura zahar granulat
- Recipient de 1 kg brânză mascarpone
- 1/4 cană smântână groasă
- 2 linguri de zahăr de cofetă
- Fursecuri Ladyfinger
- Pudră de cacao
- 2 cani de fructe de padure amestecate

Directii

a) Într-un castron puțin adânc, amestecați împreună 1 1/2 cană de cafea preparată, 2 linguri de Sambuca și 1 lingură de zahăr granulat până când zahărul se dizolvă.

b) Într-un castron separat, amestecați un recipient de 1 kg brânză mascarpone, 1/4 cană smântână groasă și 2 linguri de zahăr de cofetă.

c) Folosind destui biscuiți pentru a acoperi fundul unui vas de copt pătrat de 8 inci, înmuiați degetele în amestecul de cafea și aranjați într-un strat uniform pe fundul tavii.

d) Întindeți deasupra jumătate din amestecul de mascarpone. Repetați cele două straturi. Stropiți cu pudră de cacao și 2 căni de fructe de padure amestecate. Dați tiramisu la frigider pentru cel puțin 2 ore și până la 2 zile.

96. Caramele cu unt rom

Ingrediente
- Ulei vegetal pentru ungere
- 2 căni de zahăr brun deschis la pachet (14 oz)
- 1 cană smântână groasă
- 1/2 baton (1/4 cana) unt nesarat
- 1/4 lingurita sare
- 1/4 cană plus 1 linguriță de rom negru
- 1/4 lingurita vanilie
- Echipament special: hartie pergament; o bomboană sau un termometru pentru grăsimi adânci

Directii:

a) Tapetați fundul și părțile laterale ale unei tavi pătrate de 8 inci cu hârtie de copt și pergament de ulei.

b) Aduceți zahărul brun, smântâna, untul, sarea și 1/4 cană de rom la fiert într-o cratiță grea de 3 până la 4 litri, amestecând până când untul se topește, apoi fierbeți la foc moderat, amestecând frecvent, până când termometrul înregistrează 248 °. F (etapa minge fermă), aproximativ 15 minute. Se ia de pe foc și se amestecă cu vanilia și cu lingurița de rom rămasă. Se toarnă în tava de copt și se răcește complet până se întărește, 1 până la 2 ore.

c) Întoarceți caramelul pe o masă de tăiat, apoi aruncați pergamentul și întoarceți caramelul cu partea lucioasă în sus. Tăiați în pătrate de 1 inch.

97. Coji de citrice confiate

Ingrediente:

- coaja a 4 lămâi, 3 portocale sau 2 grepfrut
- 1 cană zahăr
- 1/3 cană apă

Directii

a) Mai întâi fierbeți coaja în 1 litru de apă timp de 6 minute. Scurgeți, clătiți cu apă rece și lăsați deoparte. Aduceți zahărul și apă la fiert.

b) Când zahărul se dizolvă, acoperiți tigaia și fierbeți câteva minute până când ultimele picături de sirop cad de la capătul unei linguri de metal pentru a forma un fir. Se ia de pe foc, se amestecă coaja și se lasă la macerat 1 oră.

c) Gata de utilizare sau depozitat acoperit la frigider.

98. Panna Cotta de cardamom-nucă de cocos

Ingrediente
- 1 cană fulgi de cocos neîndulciți
- 3 căni de smântână groasă
- 1 cană de zară
- 4 păstăi de cardamom verde, ușor zdrobite Ciupiți sare kosher
- 2 lingurite gelatina granulata
- 1 lingura apa
- ⅓ cană zahăr granulat
- lingurita apa de trandafiri

Directii

a) Preîncălziți cuptorul la 350°. Se împrăștie nuca de cocos pe o tavă și se da la cuptor. Coaceți până când sunt prăjite și aurii, aproximativ 5 minute. Scoateți din cuptor și lăsați deoparte.

b) Într-o cratiță medie pusă la foc mediu-mare, combinați smântâna groasă, zara, cardamomul și sarea și aduceți doar la fierbere. Se ia tigaia de pe foc, se adauga nuca de cocos prajita si se lasa deoparte 1 ora. Se strecoară amestecul printr-o sită cu ochiuri fine și se aruncă solidele.

c) Într-un castron mediu, combinați gelatina și apa. Se lasa deoparte 5 minute.

d) Între timp, readuceți cratița la foc mediu, adăugați zahărul și gătiți până se dizolvă zahărul, aproximativ 1 minut. Turnați cu grijă amestecul de smântână strecurat peste amestecul de gelatină și amestecați până când gelatina se dizolvă. Bateți apa de trandafiri și împărțiți amestecul în 8 ramekins de patru uncii. Puneți la frigider și răciți până se întăresc, cel puțin 2 ore până peste noapte

e) Faceți petale de trandafir confiate: tapetați o tavă de copt cu hârtie de copt. Într-un castron mic, combina zahărul și cardamomul. Folosiți o pensulă de patiserie pentru a unge ambele părți ale fiecărei petale de trandafir cu albușul de ou și înmuiați cu grijă în zahăr. Lăsați deoparte să se usuce complet pe hârtie de pergament

f) Servește panna cotta rece și ornează fiecare porție cu petale de trandafir.

99. Cremă brulee de cicoare

Ingrediente:

- 1 lingura de unt
- 3 căni de smântână groasă
- 1 1/2 cană de zahăr
- 1 cană de cafea cu cicoare
- 8 gălbenușuri de ou
- 1 cană zahăr brut
- 20 de fursecuri mici

Directii

a) Preîncălziți cuptorul la 275 de grade F. Ungeți 10 rame (4 uncii). Într-o cratiță, la foc mediu, combinați smântâna, zahărul și cafeaua.

b) Bateți până la omogenizare. Într-un castron mic, bateți ouăle până se omogenizează. Căliți gălbenușurile de ou în amestecul de smântână fierbinte. Luați de pe foc și răciți. Puneți o oală în ramekine individuale. Puneți ramekinele într-o tavă de copt.

c) Umpleți vasul cu apă care urcă pe jumătate din ramekin. Pune la cuptor, pe grătarul de jos și gătește până se fixează centrul, aproximativ 45 de minute până la 1 oră.

d) Scoateți din cuptor și apă. Se răcește complet.

e) Dă la frigider până se răcește. Presărați zahărul deasupra, scuturând excesul. Cu o torță manuală, caramelizati zahărul deasupra. Serviți crema brulee cu prăjituri scurte.

100. Fondue de ciocolată cu mentă

Ingrediente:
- 1/2 cană smântână grea
- 2 linguri Lichior de mentă
- 8 uncii de ciocolată semidulce

Directii
a) Încălziți smântâna groasă la foc mediu mic
b) Adăugați lichior
c) Răziți ciocolata sau rupeți-o în bucăți mici și adăugați încet la amestec în timp ce amestecați
d) Se amestecă până se topește ciocolata

CONCLUZIE

Proteinele și grăsimile sunt macronutrienți fundamentali care susțin toate structurile vitale din corpul tău. A scoate desertul perfect de pe raftul magazinului este o provocare. Nu puteți găsi cu ușurință un desert care să fie nutritiv și sănătos în același timp, care conține ingredientele voastre preferate.

Dacă sunteți un fan al acestor bunătăți decadente, dar vă este frică să vă hrăniți cu conservanți și zahăr în exces, atunci această carte de bucate este soluția dvs. fără vinovăție. Cu o selecție de la rețete bogate în proteine până la rețete cu grăsimi, nu te vei plictisi niciodată de acestea.

www.ingramcontent.com/pod-product-compliance
Lightning Source LLC
Chambersburg PA
CBHW071606080526
44588CB00010B/1032